une vraie histoire

RÊVE-LE, FAIS-LE

... "pourquoi pas ?"

Sara Verrall

Titre : Rêve-le, fais-le... pourquoi pas ?
Auteure : Sara Verrall

Copyright © 2021 Sara Verrall "Dream it, Do it ... Why not?»
Édition française: © 2025 Sara Verrall

Éditeur : Happy Healthy Publishing LLC
Adresse : 30 N Gould St, Ste N, Sheridan, Wyoming 82801, USA

Auteure : Sara Verrall
traduit par IA ; vérifié par Sara Verrall

Site web : www.dreamitdoit.fr
            www.saraverrall.com
Coordonnées :
34340 Marseillan, Hérault, Occitanie, FRANCE
e-mail : sara@dreamitdoit.fr

Si vous ne parvenez pas à commander ce livre auprès de votre libraire local, vous pouvez le commander directement auprès de l'éditeur ou de l'auteur.

ISBN : 978-1-969046-04-9

Table de matières

Description

Que faites-vous lorsque vous avez déménagé, seule, dans un nouveau pays où personne ne partage votre langue maternelle ?

Eh bien, j'ai commencé à parler à mes chats, en fait, parce que je ne pouvais pas téléphoner tous les jours à mes amis et à ma famille au Royaume-Uni, et je commençais à me demander : « Si personne n'entend vos histoires, sont-elles vraiment arrivées ? »

Comme l'a observé mon professeur de français : « *Les chats ne corrigeront pas vos erreurs* ». Des conversations plus humaines étaient nécessaires – pour ma santé mentale autant que pour mes compétences linguistiques.

Surmontant ma réticence typiquement britannique, me forçant à avancer et cachant ma timidité derrière un sourire, mes lèvres ont formé « *Bonjour, je m'appelle Sara* » pour la première fois depuis mes lointaines années d'école. La réponse amicale était incompréhensible à mes oreilles… mais j'avais fait un début.

En embrassant de nouveaux amis, une nouvelle culture et une nouvelle langue, j'ai trouvé mon chemin d'un petit village entouré de vignes à une ville très différente au bord de la mer, loin de celle que j'ai quittée en Angleterre. Ne volant plus en solo, amoureuse d'un Suédois qui a suivi sa propre route vers le soleil, je me pince parfois encore.

« C'est réel ; me voici. »

Résumé :

La véritable histoire de mon déménagement, seule, de ma maison animée au bord de la mer à Brighton vers un village dans une vallée des collines de la France rurale, où les tracteurs sont deux fois plus nombreux que les habitants.

En parlant très peu français, en vendant tout ce que je possédais pour suivre mon rêve, voici un récit léger mais honnête des personnes que j'ai rencontrées, des endroits que j'ai visités et des choses que j'ai vues jusqu'à présent.

Introduction

Il a commencé par un rêve. Comme c'est souvent le cas.

Un rêve qui a embrassé mon cœur et résonné profondément en moi, avec une aspiration que je ne savais même pas exister.

Une aspiration à me connecter, à appartenir, dans un endroit lumineux et ensoleillé, entourée d'amis, au cœur de la magnifique campagne méditerranéenne. À partager des repas tranquilles tous ensemble autour d'une grande table en bois, à l'ombre d'un arbre étalé, avec du pain, des olives, du vin et du fromage, des salades fraîches et des fruits, et même des nappes à carreaux rouges et blancs. L'image entière ~ vous voyez ce que je veux dire… Je n'ai jamais dit que c'était un rêve original ; mais c'était mon rêve persistant, personnel, qui a commencé à l'adolescence, a grandi dans mon imagination, et a commencé à prendre forme dans ma vingtaine. Il a fallu beaucoup,

beaucoup plus de temps pour qu'il commence même à devenir réel – j'avais tout un tas de vies et d'apprentissages confus à faire d'abord – mais une fois que la graine a été plantée, elle ne m'a jamais quittée.

En partie, il a été inspiré par un roman romantique et rêveur pour jeunes filles intitulé La Fille du Mistral, écrit par Judith Krantz – une auteure clé de mes années formatrices ! L'héroïne était talentueuse et belle, bien sûr, et elle a surmonté des épreuves et des tribulations pour finalement s'installer dans une merveilleuse propriété au cœur du sud de la France. Le fait que j'ai lu ce livre en vivant mes premières vacances en France en 1985, voyageant tout le mois de juillet sur la moto de mon petit ami pendant trente jours idylliques et teintés de rose, explique probablement beaucoup de mes aspirations ultérieures...

Alors me voilà, trente-cinq ans plus tard (quoi !?!?!) vivant en France, impatiente de tourner la page pour découvrir les prochains chapitres de ce voyage.

Contrairement à mon héroïne de jeunesse, je n'ai pas de longues boucles auburn, un talent naturel pour la peinture ni un père artiste de renommée mondiale. Le plus proche que je puisse approcher de tout cela, ce sont mes cheveux brun châtain qui prenaient une teinte plus claire au soleil en été (avant que je n'accueille la phase poivre et sel des colorations naturelles) et j'ai appris un style de dessin de détails architecturaux à un moment de ma carrière. Ma mère est cependant une artiste incroyable et naturelle qui peut créer des œuvres superbes en utilisant n'importe quel médium – aquarelles, pastels, gouache, fusain et même une demi-pomme de terre trempée dans l'encre ! Son sens de la perspective est infaillible et son sens de la composition en a fait une brillante metteuse en scène de pièces locales. Malheureusement, son talent n'a jamais été reconnu et récompensé… mais elle est ensoleillée et heureuse et mes frères et moi avons chacun quelques-unes de ses œuvres dans nos maisons. Elle est terriblement bouddhiste en ce qui concerne ses créations ; elle n'hésitera pas à jeter quelque chose qu'elle juge « trop vieux » et elle a rapidement repeint des décors artistiques délicieux dans son empressement à créer le suivant, pour la prochaine production. Donc, en réalité, par procuration, ma mère est mon lien le plus proche (- le seul -) avec mon rêve de Mistral. Et elle trouvait le livre nul !

En moins de 500 mots, j'ai déjà dévié de mon récit ; cela pourrait prendre un certain temps…

Et si je vous donnais un rapide résumé de la situation actuelle, puis vous pourriez décider si vous souhaitez lire les détails plus approfondis du milieu ; d'accord ?

Aujourd'hui, je vis dans une petite maison avec une seule chambre dans une jolie impasse moderne et construite à cet effet, nichée derrière une étendue de pelouse qui place La Résidence à quelques centaines de mètres seulement de l'impressionnante étendue d'eau connue sous le nom de l'Étang de Thau. C'est un lac marin naturel et peu profond, alimenté à chaque extrémité par les eaux de la Méditerranée, avec des accès via des canaux à Sète et Agde. Ma maison est à sept minutes à vélo du front de mer pittoresque de la ville de Marseillan, où mon petit ami suédois possède un "Bed & Breakfast" exceptionnellement stylé au cœur de la vieille ville. Oui, c'était une surprise de tomber amoureuse d'un Suédois dans le sud de la France ; je ne le cherchais pas plus qu'il ne me cherchait. Mais je ne suis pas assez stupide pour discuter quand le Destin m'offre un cadeau en or et – jusqu'à présent, tout va bien – nous commençons à façonner nos jours de « Ce qui vient ensuite » ensemble.

Mais ce n'était pas comme ça il y a 5 ans ; quand je suis arrivée en France en janvier 2015, j'étais très seule. En solo, comme je l'avais fait pendant de nombreuses années… Avec l'aide généreuse de ma famille et de mes amis en chemin, bien sûr, mais – essentiellement – c'était moi et mes deux chats noirs qui sommes arrivés dans une grande maison dans un petit village des collines. Situé à seulement une heure de route de la côte mais parfois semblant être à une distance impossible de presque partout ! Je ne me plaindrai jamais d'avoir atterri à Saint-Nazaire-de-Ladarez ; c'est un charmant village dans un cadre magnifique. Avec seulement 350 habitants à l'année, augmentés par une poignée sélectionnée de propriétaires de résidences secondaires qui aiment l'endroit tout aussi profondément. La majorité des villageois sont français, beaucoup d'entre eux ayant vécu toute leur vie dans le village. Ou peut-être venaient-ils d'un village voisin, ayant rencontré leur amour lors d'un bal d'été, et avaient-ils déménagé à Saint-Nazaire en suivant leur cœur ; comme nous l'avons tous fait. Cela m'a touchée de constater que, malgré avoir vécu et respiré dans ce petit village pendant peut-être trente ou quarante ans, lorsqu'il s'agissait de la récolte annuelle des raisins pour créer les vins rouges profonds emblématiques (et peut-être quelques rosés plus légers), si l'un des partenaires d'un couple était né dans un village voisin, il retournait « chez lui » pour aider sa famille à rentrer la récolte. Ici, la loyauté ancienne coexiste confortablement avec la loyauté nouvelle.

Alors ; comment une femme célibataire, sans compétences pratiques, une aversion pour la recherche et une connaissance du français extrêmement aléatoire et rouillée, en est-elle arrivée à se retrouver ici aujourd'hui ? Eh bien, voici mon histoire...

Chapitre Un

Le Premier Défi

Un ami m'a dit : « Si tu continues à dire "Un jour, je vais…" sans rien faire pour y parvenir, ça n'arrivera jamais. »

Hmmm. J'avais partagé avec joie mes rêves de vivre dans un endroit plus chaud, où mes os ne me feraient pas mal, tout en sirotant un délicieux café mousseux avec cet ami à un café en terrasse de George Street, à Hove. (C'était quelque chose que Hove, dans l'East Sussex, faisait vraiment bien : la société des cafés en terrasse). Je ne m'attendais pas à être poussée ainsi, et bien que ce ne soit qu'une remarque gentille, elle m'est restée. En y réfléchissant, j'ai réalisé que, à ce moment-là, enfin, le timing était bon :

J'avais un travail à temps partiel agréable et peu exigeant, mais qui ne menait nulle part. J'avais repris le roller après des opérations au dos, puis plus tard au genou, et je pouvais passer du temps avec mon groupe de patineurs sur la promenade quand l'envie me prenait et que le temps était clément. J'avais trouvé un mélange intéressant de groupes et de cours qui répondaient à mes besoins éclectiques de connexion et de créativité – chant Kirtan, méditations guidées et écriture créative, pour n'en citer que quelques-uns. Et j'avais même parcouru un chemin chaotique en marchant aux côtés d'une âme tourmentée pendant onze ans, jusqu'à ce qu'il se tue à force de boire. J'avais certainement été une « mauvaise choisisseuse » à cet égard, ayant auparavant vécu une relation de sept ans avec un héroïnomane à partir de mes trente ans… mais ne vous inquiétez pas. Il a survécu et est maintenant heureusement marié à une merveilleuse femme irlandaise, et grâce à son chaos, j'ai appris à prendre soin de moi et j'ai formé des amitiés incroyables avec un groupe d'âmes bienveillantes ; mes Amis pour Toujours.

L'autre résultat positif de cette première incursion dans une relation désastreuse fut que je suis partie en sac à dos en Australie et en Nouvelle-Zélande au tournant du millénaire (totalement ignorante – comme toujours – du où, quand et comment le faire) mais en apprenant les bases de mes compétences de Voyageuse Solitaire en chemin. Je suis partie en partie pour me récompenser d'avoir survécu à la vie jusqu'à présent, en partie pour faire une pause loin de « tout ça », mais surtout parce que j'étais curieuse. J'avais exploré des parties de l'Europe, mais pas plus loin. Une de mes collègues de travail était allée en Nouvelle-Zélande, mais elle était frustrante dans son incapacité à décrire l'endroit. Elle avait un regard rêveur et nostalgique chaque fois qu'elle en parlait, disant : « Il faut le voir pour le savoir. » Alors je suis partie, j'ai vu, et j'ai failli y vivre. C'est juste que géographiquement, c'est aussi loin du Royaume-Uni qu'on peut l'être. Quand vous appelez chez vous pour discuter avec votre famille, ils sont à l'autre bout de la journée, avec le temps opposé et un ciel nocturne à l'envers ; en fait, avec à peu près tous les points de référence opposés aux petits détails de la vie quotidienne. Après un an de voyage, j'étais seule, nostalgique de ce rire que l'on ne partage qu'avec quelqu'un qui vous connaît depuis très, très longtemps.

Donc, déménager en Europe semblait être un bien meilleur choix. Beaucoup plus proche ; plus accessible, plus gérable à tous points de vue. Et bien que mes compétences linguistiques de caméléon m'aient fait adopter accidentellement l'accent néo-zélandais pendant mon séjour là-bas, je préférais de loin les sons mélodieux et romantiques des langues latines. « Te amo », « je t'aime », « je t'adore »… Mes rêves roulaient leur chemin.

Deux ans d'étude de l'italien, puis quelques semaines étranges dans la région des Pouilles, dans le sud de l'Italie, m'ont convaincue qu'essayer de m'établir en tant que femme célibataire, d'un certain âge, dans le pays le plus catholique d'Europe n'était peut-être pas le meilleur plan. Peu importe la splendeur de la campagne, ou à quel point j'étudiais... sans enfants, chiens ou homme à mes côtés, je pouvais me voir être « La Inglese » pendant de nombreuses années solitaires. Les villages baignés de soleil et ces jolies petites maisons rondes – les trulli – aux murs blancs et aux toits coniques, dans la ville pittoresque d'Alberobello, pouvaient sembler charmants, mais ils n'accueillaient pas mes rêves.

Mon appréciation pour Tout Ce Qui Est Brighton s'est accentuée après l'Excursion Italienne, et je me suis installée avec bonheur dans ma ville natale pour profiter de quelques années supplémentaires de plaisir, d'amitiés, de bénévolat avec WhaleFest, et de toutes les choses funky et colorées qui remplissent le calendrier de ce qui est vraiment Le Meilleur Endroit Où Vivre en Grande-Bretagne. Non seulement la parade de la Gay Pride est solidement établie à Brighton, mais nous avions aussi la Marche des Sirènes au milieu de l'été et la Crémation des Horloges, avec des percussions, au solstice d'hiver. Toutes de très bonnes excuses pour sortir au cœur de la ville et se mêler à tout le monde ! La Marche des Zombies est une autre histoire ; je sais, je sais... ce ne sont que des costumes et du maquillage, mais ça me fait vraiment peur. La diversité et l'acceptation sont au cœur battant de Brighton, et puisse-t-il en être ainsi encore longtemps. Vous n'êtes pas obligé de participer à tout, mais c'est là si vous le souhaitez.

En aparté (ou peut-être une résonance significative ?), l'une des principales sensations que j'ai ressenties en me promenant pour la première fois à Marseillan était qu'elle évoquait en moi un sentiment de Brighton. Ce qui est étrange, car ce sont des endroits très différents à bien des égards… mais peut-être est-ce les maisons colorées, la communauté internationale et l'atmosphère globalement « sûre » des villes balnéaires heureuses qui m'ont donné un sentiment de connexion ? Et à leur manière, elles sont toutes deux d'une taille gérable ; faciles à apprivoiser. Sans oublier leur ambiance « n'importe quelle excuse pour une parade et des feux d'artifice », peut-être ? Il est vrai que La Manche, la Manche, et les plages de galets durs sont bien loin des kilomètres interminables de sable doré qui bordent ces côtes méditerranéennes, mais il y a quelque chose dans l'atmosphère des deux endroits qui est simplement joyeux. J'ai récemment entendu deux Suédoises remarquer : « Même les dealers de drogue à Marseillan sont polis », ce qui n'est peut-être pas le slogan qu'une ville souhaiterait mettre sur ses affiches promotionnelles… mais cela pourrait être pire. Je n'ai encore rencontré ni drogue ni dealer, mais c'est agréable de penser que tout le monde en ville semble avoir des standards qu'il ne laissera pas tomber !

Bref, après ce petit saut dans le temps de ma vie, nous arrivons à mon premier moment « pourquoi pas ? ».

Après que mon ami Julius m'ait poussée avec « si tu continues à dire : "Un jour, je vais…"… », je me suis retrouvée à planifier un voyage d'une semaine dans le sud de la France en juin 2014. Mon choix de destination, Montpellier, était en fait un peu un hasard. J'avais vu une publicité pour les trains Eurostar allant directement de Londres à Marseille. L'idée de voyager en train a vraiment réveillé la rêveuse romantique en moi (dort-elle jamais ?!) et même si j'avais déjà voyagé en France plusieurs fois avec l'ex-petit ami et sa moto dans les années 80, nous avions toujours contourné les grandes villes, donc elles restaient toutes une liste de noms exotiques à explorer. Marseille avait une réputation un peu rude et audacieuse qui semblait pouvoir être amusante, aussi !

Mais malgré tous mes efforts, je n'ai pas réussi à finaliser la réservation en ligne pour ce voyage en train tant désiré. J'ai cliqué, double-cliqué, rechargé les pages, retapé les mots de passe et globalement hurlé sur mon écran pendant tout un après-midi. Finalement, j'ai abandonné et j'ai réservé un vol pour Montpellier à la place ! Ça devait être assez proche ~ Après avoir fait ce premier pas, je me suis aventurée dans l'inconnu (pour moi) des territoires d'AirBnB et j'ai réservé un séjour chez un jeune couple français dans leur appartement moderne quelque part dans les limites de Montpellier. Je ne savais pas alors à quel point cette ville était devenue grande et étendue. Je ne savais pas grand-chose, en fait.

Ayant loué une voiture pour deux semaines lors de mon voyage en Italie, et ayant ainsi eu ma première expérience de conduite du « mauvais » côté de la route, ce n'était pas si effrayant de réserver une autre voiture de location pour ce voyage plus court. Je me suis accordé un après-midi après mon arrivée à l'aéroport de Montpellier pour me faire une idée générale de l'endroit en utilisant les tramways (Oh ! Les couleurs et les designs !) et à pied. Par chance, je suis tombée sur un bureau d'information touristique sur la place principale de Montpellier et j'ai obtenu un essentiel pour moi : un plan de la ville, imprimé sur du papier que je pouvais tenir dans mes mains et tourner dans tous les sens pour m'orienter. Les applications mobiles sont incroyablement intelligentes, mais je préfère toujours un guide physique, de préférence avec le Nord et le Sud dans leurs positions logiques de haut et de bas. Ainsi, je peux avoir une idée de l'endroit où je suis, où je veux être, et où se trouvent les autres choses aussi ! Le point central de rassemblement de Montpellier, La Place de la Comédie, était entièrement pavé de marbre blanc, avec des bâtiments spectaculaires et une fontaine fabuleuse. J'ai rejoint la société des cafés à une table chère au milieu de tout cela et j'ai absorbé la chaleur, l'atmosphère et observé les très beaux Français qui se promenaient. Quand j'ai discrètement sorti mon appareil photo pour capturer quelques-uns de ces dieux et déesses dorés, ils ont malheureusement tous semblé disparaître, et des gens ordinaires ont pris leur place, mais j'étais toujours impressionnée.

Il m'a fallu plus de temps que prévu pour trouver l'appartement, si bien qu'à mon arrivée, mes hôtes m'ont immédiatement annoncé qu'ils sortaient pour la soirée et m'ont laissée m'installer. Ce fut mon introduction au fonctionnement d'AirBnB pour les voyageurs indépendants. Ils m'ont tout de même guidée vers le magasin local pour que je puisse préparer un dîner simple ; je pense qu'ils avaient déjà compris que mon sens de l'orientation n'était pas très bon. Mon excuse lorsque je voyageais en Australie et en Nouvelle-Zélande, quatorze ans auparavant, était que « l'attraction magnétique de la lune était inversée dans l'hémisphère sud ». Il était donc logique que mon compas interne en soit affecté. Je n'avais plus cette excuse, maintenant que j'étais en Europe du Nord ; je devais encore admettre à quel point mon sens de l'orientation pouvait être mauvais, même avec une carte papier !

Les jours suivants furent un mélange de plaisir, de mini-aventures et de chaos intérieur silencieux. Tout a commencé avec le défi de retrouver mon chemin depuis le showroom de location de voiture ce premier matin « avec voiture ». J'avais déjà décidé que j'aurais besoin d'une autre tasse de café avant de m'aventurer plus loin ; ce que je n'avais pas prévu, c'était que l'appartement se trouvait au cœur d'un énorme rond-point et à l'intersection de plusieurs routes principales. J'avais décliné l'offre d'un GPS dans la voiture, car il ne m'était pas venu à l'esprit qu'il pourrait y avoir un choix de langues avec une telle technologie, et j'étais sûre que tout ce qui me parlerait en français alors que j'essayais de conduire du mauvais côté de la route serait un niveau de confusion de trop ! De même, j'étais tellement ravie d'avoir la carte détaillée et informative du centre-ville de l'office de tourisme qu'il ne m'est pas venu à l'esprit de la retourner pour voir la vue d'ensemble à plus grande échelle, qui m'aurait donné les noms de toutes les banlieues de Montpellier que j'essayais maintenant de relier mentalement !

En général, la plupart des jours, je pouvais partir à l'aventure assez facilement. Sauf ce jour où j'ai roulé dans le mauvais sens sur une voie de tramway en plein centre-ville, mais c'était un dimanche matin, donc j'ai pu faire marche arrière sans problème : une manœuvre potentiellement dangereuse – dans les deux sens ! C'était plutôt la fin des journées qui devenait un peu délicate. Je pouvais passer au moins une heure, parfois deux, à rouler incroyablement près de là où je voulais être, sans jamais vraiment y arriver. Un jour, une dame a baissé la vitre de sa voiture (elle était passagère) et m'a crié : « Madame, vous devez vraiment mettre votre clignotant pour changer de voie ! Sinon, il y aura un Boumphff ». Je n'ai pas eu le temps, l'occasion ou les compétences linguistiques pour lui expliquer que d'habitude, j'étais une conductrice incroyablement prudente et compétente, mais ayant raté ma sortie du rond-point/carrefour trois fois déjà – avec des conséquences longues et confuses – j'étais prête à prendre le risque de ne pas signaler avant de manœuvrer ! Avec tout ce qui se passait, j'étais surprise que mon cerveau ait encore de la place pour enregistrer que les Français utilisent des effets sonores différents des nôtres en anglais. Un de mes exemples préférés maintenant, ce sont les sons attribués aux animaux dans la chanson « Old MacDonald had a farm »… on pourrait croire que les enfants français chantent sur des animaux de ferme totalement différents de ceux des fermes anglaises ! Vraiment. Cherchez une version sur YouTube ; vous verrez ce que je veux dire.

Mes jeunes hôtes étaient discrètement amusés par mes échecs d'orientation, dans leur manière française et détachée de « j'ai toujours vécu ici ». Cela valait vraiment la peine de louer la voiture et de partir à l'aventure, malgré mes traumatismes de fin de journée. Une fois, j'ai roulé jusqu'aux contreforts de la chaîne des Cévennes. Leur palette sous le soleil de juin était un mélange de vert foncé et de gris ardoise, et les collines et montagnes semblaient tranchantes avec des arêtes déchiquetées. Au milieu de cette journée ensoleillée, là-haut dans les collines, les quelques autres conducteurs et moi avons été surpris par une averse torrentielle, accompagnée de grêle, qui a créé des mini-rivières sur les routes étroites. Ce court et intense épisode s'est terminé par un retour au soleil parfait en quelques minutes. Ce qui était incroyable, c'était l'effet saisissant de la chaleur sur l'excès d'eau de surface. Je roulais littéralement à travers une mer d'arcs-en-ciel, flottant devant mes yeux ; si magique… ! Ils m'ont coupé le souffle ; j'ai dû me rappeler de respirer – et de concentrer la voiture là où nous devions aller.

Maintenant que je me suis installée en France et que j'ai fait de nombreux voyages dans la campagne environnante, je suis ravie de constater que je vois des arcs-en-ciel plus souvent que lorsque je vivais en Angleterre. Peut-être est-ce parce que j'ai plus de temps pour m'arrêter et regarder ; ou peut-être que les espaces entre les villages offrent des horizons plus dégagés… ou peut-être est-ce simplement que je porte des lunettes de soleil plus souvent, ce qui rend ces prismes de lumière réfractée plus faciles à voir ? Quelle qu'en soit la raison, j'adore ces « arcs-en-ciel » et je suis reconnaissante à chaque fois qu'ils apparaissent.

L'autre avantage de louer la voiture lors de ce premier voyage, cependant – en plus de me donner l'occasion d'explorer la région autour de Montpellier – était de me rendre à mon rendez-vous avec un agent immobilier un samedi matin pour visiter la maison qui allait devenir la mienne. Et ça, c'était une très grosse surprise !

Chapitre Deux

Premiers pas vers une nouvelle maison

Samedi matin, 14 juin 2014 : prenant l'autoroute, située à quelques minutes de mon logement AirBnB, je m'éloignai de Montpellier en direction de Béziers. Voyant les collines sur ma droite, se déployant dans la brume lointaine, une sensation de « chez moi » m'envahit. La familiarité que je ressentais devant un paysage depuis longtemps oublié (il y a près de trente ans) fut un choc émotionnel. Comment pouvais-je me sentir si chez moi, si à ma place, si connectée, à un décor que je n'avais traversé qu'une poignée de fois, lors de vacances estivales il y a si longtemps ? Je poursuivis ma route, ravie d'être si à l'aise, trouvant mon chemin vers l'intérieur des terres jusqu'à la petite ville de Saint-Geniès de Fontedit pour rencontrer Charles, l'agent immobilier, devant le café O'Ness ; le seul café de la ville. Charles, d'ascendance anglaise et française, est donc bilingue et un homme très à l'aise dans sa peau, ou « à l'aise dans ses baskets » comme diraient les Français. (« baskets » signifiant chaussures, et non pas paniers en osier...au cas où vous vous poseriez la question).

Ensemble, nous avons feuilleté deux énormes dossiers de propriétés à vendre, sirotant notre café et constatant qu'en fait, il y avait très peu d'endroits dans ma fourchette de prix qui pourraient convenir comme maison pour mes deux chats et moi. Je place la priorité dans cet ordre, car c'est ainsi que fonctionnent les critères de décision. Je peux être flexible sur certains points pour mon propre confort, mais pour mes chats, Fred et Barney, cela doit être parfait. Le principal obstacle ce samedi matin était mon souhait de trouver une maison avec un jardin attenant. Dans cette terre de vignes à perte de vue, les seules propriétés ayant un terrain attenant étaient celles appartenant aux propriétaires terriens et aux viticulteurs. Les propriétaires de mon niveau pouvaient avoir un jardin, ou plus probablement un potager, quelque part dans les environs de leur village, mais pas attenant. Ayant convaincu Charles qu'un « jardin en face de la maison » ne répondrait jamais à ma maxime « Garder les garçons en sécurité », il se tourna finalement vers une propriété qui venait tout juste d'être ajoutée au catalogue de l'agence la veille. Son collègue avait emmené un couple visiter l'endroit, mais il ne l'avait pas vu lui-même. Il y avait un jardin attenant, plutôt grand d'ailleurs, alors nous avons convenu d'aller le visiter immédiatement.

Après quelques virages et détours sur des routes désertes à travers des collines douces parsemées de fleurs jaunes éclatantes, un pont à voie unique, des montées, des descentes et des ronds-points, chaque virage offrant une vue plus parfaite que la précédente, nous sommes arrivés après un trajet relativement court au village de Saint-Nazaire-de-Ladarez. À l'approche, les impressionnantes falaises de quartzite, la Falaise de Landeyran, s'élèvent abruptement d'un côté de la route ; la rivière Landeyran coule paresseusement de l'autre côté, et les vignobles du Domaine du même nom remplissent le paysage environnant. Avec deux autres viticulteurs, leurs rangées ordonnées de vignes forment le patchwork des champs autour de Saint-Nazaire, avec des collines couvertes de genévriers et de chênes verts offrant un doux fond vert à l'ensemble. L'air est pur. On peut entendre le silence. Le soleil réchauffant la lavande sauvage, le thym abondant, la sauge et le romarin – les herbes de la garrigue – apporte une odeur spéciale et apaisante…

Un cimetière de familles villageoises se trouve juste à la limite du village, ombragé par une haute rangée de minces ifs sombres. Les tombes sont bien entretenues, et les proches défunts sont régulièrement visités ; le sens de l'histoire immédiate est très clair et fort dans les cœurs et les actions des villageois. Les tombes sont inondées de chrysanthèmes de toutes couleurs à la Toussaint le 1er novembre de chaque année ; souvenez-vous simplement de ne jamais offrir cette plante en cadeau à un Français, en raison de ses connotations avec cette date. Quelques semaines après mon installation dans le village, il y a eu un enterrement pour le père d'un homme du coin. Malheureusement, le père avait souffert de dépression après la mort de son autre fils, écrasé par son tracteur renversé alors qu'il travaillait entre ces rangées de vignes sur la colline accidentée. Il s'était suicidé, donc apparemment cela signifiait qu'une cérémonie religieuse à l'église n'était pas appropriée pour dire adieu à son âme. À la place, le cercueil a été porté dans les rues du village, des paroles respectueuses ont été prononcées devant la Mairie, et chacun d'entre nous a marché derrière, en silence, pour rendre un dernier hommage avant son inclusion dans le tombeau familial. C'est ainsi que cela se passe dans un petit village. Cela compte, et cela signifie beaucoup.

Nous nous sommes garés à côté de l'église démesurément grande, et Charles a attiré mon attention sur les élégantes pierres de soutien en marbre qui provenaient de la carrière du village, fermée seulement dans les années 1960. Ce marbre de couleur rouge profond, j'allais l'apprendre, a été utilisé dans des églises italiennes et même dans la salle ovale de la Maison Blanche en Amérique. Je sentais déjà l'histoire et les liens de ce petit endroit. En remontant la route, en passant devant le bar-pizzeria situé dans un coin de la place, nous avons tourné à gauche après quelques dizaines de pas dans une rue si étroite ; une « ruelle » trop petite pour mériter le nom de « rue ». Je n'arrivais pas à croire que ces petits tracteurs qui travaillaient dans les vignes pouvaient réellement l'utiliser comme accès aux maisons locales en fin de journée. Parfois, un pot de fleurs sur un pas de porte se retrouvait violemment brisé ; parfois, un véhicule pouvait, par maladresse, écoper d'une bosse ou d'une rayure supplémentaire sur un coin rocheux … mais pour les habitants, avec leurs compétences de conduite locale, cela comptait comme une route.

Je me demandais intérieurement si Charles m'avait conduit à la bonne adresse, alors qu'il frappait à une impressionnante porte en bois dans une façade de pierre plutôt banale. Lorsque la petite dame française aux cheveux blancs et impeccablement vêtue ouvrit la porte et nous accueillit avec un sourire, la surprise fut totale et absolue ! C'était comme entrer dans l'équivalent maison du "Tardis" du Docteur Who. À gauche, un escalier carrelé montait en courbe vers un niveau mezzanine ouvert, avec des poutres en bois richement laquées traversant un plafond blanc. Tout droit, se trouvait le plus grand et le plus long salon que j'aie jamais vu, avec la lumière du soleil qui inondait les portes-fenêtres. La maison était de bon goût et magnifique. Chaque détail avait été pensé et parfaitement exécuté. La qualité de l'artisanat montrait que les propriétaires ne s'étaient pas souciés des dépenses ; ils voulaient une belle maison et ils l'avaient créée.

Avec une longue cuisine carrelée de tons clairs et d'autres portes vitrées complétant la forme en L, ouvrant sur une terrasse baignée de soleil, ornée d'une glycine bien établie en pleine floraison… je ne savais plus où regarder. Charles profitait de la conversation avec la charmante propriétaire. Heureusement, ils ne s'attendaient pas à ce que je participe à leur discussion en français, car j'étais muette de stupeur. Cela dépassait tous mes rêves de l'endroit où je pourrais imaginer vivre – jamais ! Nous avons descendu les marches vers le jardin, entretenu avec amour par les propriétaires depuis plus de vingt ans ; il abritait une magnifique variété d'arbres, d'arbustes et de plantes dont je ne pouvais même pas commencer à citer les noms: deux mimosas, trois oliviers, des lilas, des forsythias, des pivoines et des rosiers pour commencer. Et un généreux carré de fraises, bordé de buissons de romarin, un poirier à une extrémité, un pommier à l'autre. Et un vieux pin majestueux penché à un angle coquin – avec des branches parfaites pour accrocher une balançoire. Ce jardin de rêve, avec ses herbes ondoyantes et une pelouse bien uniforme, était enserré entre des murs en pierre sèche abritant un puits de chaque côté ! Je pense que j'ai réussi à murmurer « c'est très joli » à plusieurs reprises, hochant la tête et souriant comme une enfant dans une confiserie.

On m'a expliqué que Mme L. possédait également, avec ses deux sœurs, la maison adjacente du vigneron. Ce bâtiment appartenait à sa famille depuis des générations ; son grand-père était l'un des viticulteurs les plus prestigieux du village, et à une époque, ses caves au rez-de-chaussée abritaient les énormes fûts en bois contenant l'assemblage précieux du vin de chaque année. Les trois sœurs souhaitaient conserver une petite partie du jardin précédemment attribuée à « ma » maison, pour l'ajouter à la petite pelouse déjà entourée de haies et attenante à la grande batisse. La limite proposée avait été tracée à l'aide de tuyaux d'arrosage. Cela semblait être un détail mineur ; je regardais un jardin plus grand que je n'en aurais jamais besoin, bien sûr qu'elles pouvaient prendre un petit morceau. Lorsque le jour est venu, je suis presque sûre que le petit morceau délimité par ces tuyaux avait grandi par rapport à mes souvenirs, mais avec la nouvelle clôture déjà solidement installée sur ses fondations, il était trop tard pour faire des ajustements. Leçon apprise.

Au moment où nous avions exploré les trois grandes caves menant de nouveau au hall d'entrée principal, puis à l'étage vers les trois charmantes chambres – la principale avec une vue sur la chapelle au sommet d'une colline lointaine – ma tête tournait. J'avais osé demander, un peu effrontément, « avec du vin ? » pour savoir si le prix demandé incluait les étagères pleines de vin dans la cave, à quoi la réponse fut un « Non » poli mais ferme. Charles a vérifié si j'étais une acheteuse au comptant « Oh, oui » (avais-je compris la question ? « Oh, non ») puis m'a informée que le prix était non négociable, et aussi que Madame ne souhaitait pas déménager avant le Nouvel An, car elle voulait passer un dernier Noël dans la maison avec sa famille. Était-ce acceptable pour moi d'attendre six mois pour finaliser l'achat, au lieu des trois mois habituels ? « Oh, oui »… j'allais avoir besoin de ce temps pour vendre ma maison en Angleterre !

À ce stade, je n'avais pas encore fait d'offre formelle pour la maison, alors Charles a proposé une courte promenade en voiture vers le village voisin pour me donner une meilleure idée de la région. Il savait ce qu'il faisait. Les paysages qui s'ouvraient devant moi alors qu'il conduisait sa voiture sur les routes sinueuses et désertes (parfaites pour les motos) devenaient de plus en plus beaux. C'était tellement incroyablement, étonnamment, fabuleusement magnifique ; j'ai lutté – et échoué – à retenir mes larmes. J'ai essayé d'expliquer que, malgré mes rêves, je n'avais jamais imaginé qu'il pourrait être possible pour moi de vivre réellement dans un endroit comme celui-ci. C'était un discours bien trop sentimental et émotionnel pour un homme sensé… alors je suis passée à une question plus pratique : « Pourrais-je vraiment me faire des amis en vivant ici ? » Charles m'a de nouveau stupéfaite en m'expliquant qu'il existait en fait un réseau de femmes anglophones qui avaient formé un groupe de soutien amical sur Facebook, appelé *Les Dames du Languedoc*.

À ce stade, j'ai cessé de le croire ; un groupe d'« environ 200 dames » semblait trop beau pour être vrai. Cela devait être du baratin d'agent immobilier pour conclure la vente. Mais non. Les LIL (comme on les appelle) existent bel et bien ! J'ai postulé pour rejoindre la page avant même de déménager en France, et cela a été une ressource merveilleuse et colorée depuis. Je crois que le nombre actuel de membres est d'environ 2 000.

Charles m'a fait découvrir les vues de carte postale de Roquebrun, niché dans une courbe de la rivière Orb, puis m'a emmenée traverser l'impressionnant pont en fer de Cessenon, avant de revenir chercher ma voiture au café O'Ness. Ayant choisi un itinéraire qui montrait mes villes voisines, ces Joyaux de la Rivière, sous leur meilleur jour, il était soigneusement décontracté pendant que je réfléchissais à un autre café bien nécessaire. J'ai faiblement essayé de dire que c'était fou de ma part de payer le prix demandé pour la première maison que j'avais vue. Il a calmement déclaré qu'il pourrait me conduire voir une myriade d'autres maisons dans la région ; nous n'en trouverions pas une autre comme celle-là. Il a ensuite expliqué que lui et ses collègues continueraient à montrer la maison à d'autres acheteurs potentiels, si je n'étais pas prête à m'engager… alors… en me disant « pourquoi pas ? », j'ai dit « Oui, j'aimerais l'acheter, s'il vous plaît ». « D'accord ».

En tapant ces mots, plus de cinq ans plus tard, je ressens à nouveau le flot d'émotions qui m'a submergée à ce moment-là.

J'étais exaltée, terrifiée, et je n'avais aucune idée de comment j'allais réussir à concrétiser tout cela. Je n'avais acheté qu'une seule propriété auparavant, vingt-deux ans plus tôt ; mon petit appartement d'une chambre à Hove. Cela avait pris des mois de visites de tant d'endroits différents avant de choisir, suivis d'une série d'expertises, de négociations, d'échanges de lettres juridiques, etc. Tout cela était si soudain !

Après avoir quitté Charles au café, j'ai repris la route jusqu'au bord de la rivière à Roquebrun, j'ai descendu le chemin jusqu'à la plage tranquille, et je me suis allongée là, profitant du soleil pendant un moment. De nulle part, un groupe de motos Harley Davidson est apparu, a rugi bruyamment et avec détermination en traversant le pont de pierre, puis s'est éloigné en serpentant dans les collines. J'ai pris cela comme un bon signe ; ne me demandez pas pourquoi ~

Chapitre Trois

Ça commence à devenir réel

Je n'ai pas pu me résoudre à dire à qui que ce soit ce à quoi je venais de m'engager cet après-midi-là. J'ai eu une conversation facile, sans conséquence, avec mes jeunes hôtes avant qu'ils ne repartent pour leur soirée du samedi entre amis, puis j'ai appelé ma mère pour la rassurer en lui disant que le temps était magnifique et que je passais une très agréable semaine en France. Ensuite, j'ai mangé un léger dîner et me suis allongée dans mon lit en me demandant « mais qu'est-ce que tu as fait ? » J'ai décidé d'appeler Charles lundi matin, de m'excuser et de lui dire que j'étais désolée, que j'avais été stupide, et que je ne pouvais finalement pas aller jusqu'au bout. Apparemment, selon la loi française, j'avais quelques jours de « délai de rétractation », donc ça irait.

Le lendemain était gris et plutôt frais. En France, en juin ? Oui ; ça arrive. Réalisant que je devais me familiariser beaucoup plus avec ce qui allait peut-être devenir mon nouveau pays d'accueil (!!), je suis partie pour m'imprégner d'un peu de culture locale. Plus par chance que par jugement, j'ai fait un excellent choix. J'imagine que visiter la ville de pèlerinage de Saint-Guilhem-le-Désert en plein été pourrait être une expérience terne lorsque vous êtes épaule contre épaule avec une foule de visiteurs chauds et en sueur. Mais avec une pluie fine, cette impressionnante ville sainte, nichée en toute sécurité dans un petit canyon naturel, avec ses maisons en pierre pâle se fondant harmonieusement dans les collines couleur sable, était libre d'Être. Pour moi et la poignée d'autres curieux vagabonds, cet après-midi a offert l'occasion de ressentir l'histoire de chaque bâtiment soigneusement construit. Lorsqu'elle est assez calme pour être apprivoisée, la ville dégage un sentiment de spiritualité et de chaleur, peut-être renforcé par la relique sacrée en sécurité dans sa niche à l'intérieur de l'église. Les faits, chiffres et dates précis ne sont pas mon point fort ; j'espère qu'il suffira de savoir que c'est Guilhem, le prince d'Orange, qui a fondé la ville et trouvé sa propre véritable religion à l'époque de Charlemagne… il y a bien longtemps.

Il y a un spectaculaire pont du Diable en pierre à la périphérie de la ville, enjambant un grand bassin naturel formé par la confluence de deux rivières – le Verdus et l'Hérault – dont les eaux fraîches et bleues ont creusé les gorges escarpées entre les collines. Les rivières sont idéales pour des aventures en kayak, et le bassin avec sa plage en courbe douce est parfait pour la baignade. Si vous êtes curieux, allez-y ; je ne pense pas que vous serez déçus. Le grand pèlerinage menant à Saint-Jacques-de-Compostelle inclut cette ville sur son chemin vers l'Espagne. De manière un peu incongrue, c'est ici que j'ai vu pour la première fois l'emblème distinctement païen d'une fleur circulaire, faite de cœurs et de feuilles d'artichaut, qui est accrochée à votre porte d'entrée pour éloigner les mauvais esprits. Religion et superstition marchent assez confortablement main dans la main dans ces parages.

Ce dimanche soir, j'ai envoyé quelques messages « confessionnels » hésitants à deux de mes amis les plus proches. Après avoir réussi à passer toute la journée à ignorer l'énorme décision que j'avais pris la veille, c'était rassurant de recevoir leurs réponses enthousiastes à mon message « euh, il semble que je vais m'installer en France ». Ma tête et mes pensées oscillaient encore entre des extrêmes opposés ; je ne savais honnêtement pas si je serais soulagée ou déçue si l'affaire immobilière échouait à un moment donné. Tout ce dont je me sentais capable, c'était de mettre un pied devant l'autre, de prendre un jour à la fois et de voir ce qui se passerait ensuite. Si j'y réfléchissais trop, un moment je me disais « bon, c'est ça ; je vais me retirer maintenant », pour me retrouver quelques minutes plus tard à penser « eh bien, peut-être que je peux faire en sorte que ça marche »… Vraiment, après avoir lâché un « je l'achète » en quelques instants, ma détermination avait rapidement pris la direction opposée ! Heureusement, il n'y avait personne à mes côtés pour devoir gérer ces fluctuations folles ! C'était déjà assez pour moi de gérer mes pensées chaotiques, à intervalles bien espacés, toute seule.

Mardi, mes pensées étaient si embrouillées que la meilleure chose à faire était de prendre un trajet en tramway sur la ligne 2 aux couleurs joyeuses, jusqu'aux plages juste aux abords de Montpellier, et de laisser la journée passer dans une brume ensoleillée. Des mers chaudes, des plages de sable et des ciels bleus, c'est un bon remède. Ce fut aussi un soulagement de rendre la voiture à l'agence de location ce matin-là, malgré l'agacement d'avoir dû payer une amende pour stationnement récoltée la veille. Je n'avais pas envisagé que les résidences balnéaires de luxe, avec leurs magnifiques buissons de lauriers rouges, roses et blancs que j'avais admirés rêveusement, pourraient avoir un système de stationnement privé. Après avoir eu du mal à trouver où laisser la voiture en explorant la ville portuaire animée et un peu rude de Sète lundi matin, j'avais béni ma chance de pouvoir me garer si près de cette plage immaculée à la périphérie de la ville. Je pourrais blâmer le désordre dans ma tête pour mon manque d'attention, mais il est plus probable que l'ambiance méditerranéenne détendue avait déjà commencé à imprégner mon attitude envers les panneaux de signalisation et les règles de stationnement.

Il y a eu un merveilleux moment de retour dans le temps qui avait redonné le moral à mon esprit confus lors d'une promenade le long du front de mer de Sète, entre ses boutiques touristiques colorées et ses restaurants de fruits de mer. Là, en vente, il y avait des cartes postales et des sets de table représentant un étrange tournoi de joutes nautiques que mon petit ami des années 80 et moi avions vu... il y a si longtemps. Nos amis ne nous avaient pas crus lorsque nous avions décrit ces deux équipes de villes rivales, dans des bateaux peints de couleurs vives, ramant à toute vitesse l'une vers l'autre, avec un homme debout sur une proue surélevée, tenant une lance dans une main et un bouclier en bois dans l'autre. L'objectif était de faire tomber son rival, sur le bateau rouge ou le bateau bleu, de son perchoir et dans l'eau. Accompagné par des fanfares enthousiastes sur le quai, et un commentateur français surexcité parlant dans un micro, et avec tous les participants régulièrement rafraîchis par des verres de 1664 (ou une autre bière française appropriée) – c'était hilarant ! Bien que les images exposées maintenant soient celles du Tournoi de Saint-Louis, un événement bien plus grandiose que celui que Ross et moi avions apprécié, j'ai ressenti un fort sentiment d'« appropriation » de cette tradition régionale. J'étais ravie de pouvoir enfin prouver que ce genre de choses se produisait vraiment dans le Vrai Sud de la France, que j'avais tant aimées, constamment et depuis si longtemps. Pas pour la première fois cette semaine riche en événements, j'ai été surprise par la force de mes émotions envers cette terre. Les mots « familier » et « appartenance » me sont revenus spontanément au cœur.

Heureusement, j'ai trouvé le courage, avant de retourner au Royaume-Uni, de « confesser » à mes jeunes hôtes que j'avais fait un achat plutôt extravagant. Pour être honnête, cela semblait être une conversation quelque peu gênante à avoir avec deux jeunes qui louaient manifestement une chambre dans leur petit appartement pour pouvoir joindre les deux bouts financièrement. Mais ils n'auraient pas pu être plus ouverts, ni plus enthousiastes dans leur soutien. Non seulement ils ont approuvé sans réserve mon choix de m'installer dans « le meilleur pays d'Europe », avec les meilleures traditions, les meilleures personnes et la meilleure langue… mais Jérémie m'a également donné le conseil le plus succinct qui m'a portée à travers une multitude de conversations dans les mois qui ont suivi. Il a dit : « Quand tu diras aux gens ce que tu prévois, ils se diviseront en deux groupes ; ceux qui diront "Pourquoi ?" et ceux qui diront "Pourquoi pas ?" Ne t'inquiète pas de répondre à ceux qui demandent pourquoi ; contente-toi de suivre ceux qui disent Pourquoi Pas. Ce sont les personnes dont tu as besoin de t'entourer maintenant ».

Une tête sage sur de jeunes épaules. Partager des philosophies de vie, boire du vin rouge, assis dehors sous les étoiles par une chaude soirée d'été ; c'était vraiment une très bonne manière de mettre mes idées en ordre. Merci encore, Jérémie… tu m'as donné un guide de tri simple que j'ai utilisé de nombreuses fois depuis.

Chapitre Quatre

Annoncer la nouvelle
et faire avancer les choses

Certaines conversations allaient forcément être plus faciles que d'autres.

Ce fut un grand plaisir de répondre « Oui ! » lorsque mon ami Julius m'a demandé en plaisantant « Alors, tu as acheté une maison en France ? » quand je l'ai appelé depuis le train sur le chemin du retour de l'aéroport de Gatwick. Il a ri avec moi, se relevant mentalement du sol. Nous devrions bientôt prendre un autre café dans un établissement de George Street, à Hove, pour avoir la suite de la conversation après ce résultat rapide de son petit coup de pouce il y a seulement quelques mois !

Annoncer la nouvelle à mes frères et à ma mère n'était pas une affaire aussi légère. J'ai d'abord pris mon frère Martin dans la confidence. Il est seulement quinze mois plus âgé que moi, et bien que nous soyons assez différents, nous avons un lien fort qui m'empêche de lui cacher des secrets, même si je l'avais voulu. Ensemble, nous avons convenu qu'il valait mieux attendre quelques semaines avant de le dire à Maman. Elle avait quelques événements amusants à venir auxquels elle avait hâte de participer, et comme je ne pouvais pas prédire comment elle réagirait, je ne voulais pas gâcher inutilement ses journées. Comme mon autre frère, Nick, a plus de contacts réguliers avec elle que Martin et moi, il devrait rester dans l'ignorance un peu plus longtemps aussi.

Mon autre justification pour ce délai était la réflexion qui ressemblait à « Je n'ai aucune idée de comment fonctionne le processus d'achat d'une maison en France, alors voyons quels documents légaux arrivent maintenant ». Ayant franchi plutôt élégamment (à mes yeux) le premier obstacle des papiers demandant un acompte de 10 % en déclarant mon argument imparable « Mais Charles a dit que 5 % suffiraient au café », j'ai ensuite dû trouver lesdits 5 %. Ayant acheté mon appartement à Hove il y a plus de vingt-deux ans, j'étais sur le point de faire un bon profit en le vendant, alors j'ai supposé que ma banque me prêterait volontiers le petit montant nécessaire maintenant, juste pour quelques mois jusqu'à ce que je trouve un acheteur. Non. Apparemment, les banques britanniques ne prêtent pas d'argent sur des propriétés étrangères. Cela a du sens, maintenant que j'y pense ; mais je n'y avais pas pensé auparavant. J'étais contrariée de savoir que si j'avais simplement « menti » en disant que j'avais besoin de cet argent pour une nouvelle cuisine ou une nouvelle voiture, il m'aurait été immédiatement accordé. Mais comme la dame de la banque m'a dit : « Vous ne pouvez pas nous mentir maintenant ». Humm…

Heureusement, en jonglant avec les petites économies que j'avais mises de côté, j'ai réussi à réunir les 5 % nécessaires, mais cela m'a laissée sans aucune réserve d'argent, ce qui n'était pas une sensation agréable. Je me suis cependant sentie plutôt chic quand j'ai pu glisser « en parlant à mon trader en devises l'autre jour… au cours d'une conversation.

Des détails simples m'ont apporté des moments de réconfort bienvenus dans les jours qui ont suivi cette aventure effrayante et énorme. Comme le moment où le document officiel et légal du contrat préalable à l'achat est arrivé dans une grande enveloppe marronne de France, formalisant le premier délai ; le point de non-retour où je devais verser mon acompte et tout perdre si je perdais courage par la suite. L'enveloppe avait une carte postale prépayée « Avis de Réception » sur le devant, qui est censée être remplie par le facteur comme preuve de livraison et envoyée immédiatement à l'expéditeur ; pour s'assurer que je ne nie pas avoir reçu les documents. Malheureusement, ou peut-être heureusement, Mick le facteur n'avait jamais vu d'A.R. auparavant et n'avait clairement pas le temps de lire les instructions en français pendant sa tournée de livraison du matin. J'ai donc eu quelques rires intérieurs privés, et la pensée réconfortante « personne ne sait que j'ai ce document, exigeant ma signature engageante » – jusqu'à ce que ma version adulte prenne le contrôle et fasse le nécessaire.

Tout ce va-et-vient dans les premiers jours pourrait ne pas sembler très impressionnant, mais pour être honnête, je m'étais plutôt surprise moi-même lors de ce qui était censé être juste un voyage de reconnaissance initial pour avoir une idée de la région et peut-être rassembler quelques idées d'endroits où retourner plus tard. J'avais imaginé que je prendrais mon temps pendant les deux prochaines années au moins ; apprendre à connaître la région, apprendre le français et peut-être même me faire quelques amis avant de prendre une quelconque décision. Maintenant, j'avais plongé à pieds joints, et j'avais plutôt coupé mon propre souffle dans le processus !

La réaction de ma mère a été d'une sérénité impressionnante lorsque je lui ai dit qu'elle devrait renouveler le passeport qu'elle avait laissé expirer il y a deux ans, déclarant qu'elle avait assez voyagé à l'étranger et qu'en tant que femme de plus de quatre-vingts ans, elle allait désormais se reposer dans sa ville natale. Sa réponse a été : « Eh bien, renouveler mon passeport est facile, et la France est un bien meilleur choix que l'Italie ! Ton idée de déménager en Italie était stupide ; ça n'aurait jamais marché, la France a beaucoup plus de sens. Oui, je serai heureuse de venir te rendre visite là-bas… Je pourrai rafraîchir quelques phrases de français que je connaissais autrefois. » Et la voilà partie, ressortant un intéressant assortiment de mots et de phrases des recoins légèrement poussiéreux de vacances passées, sans ordre particulier. « Rappelle-moi comment on écrit "œufs" ? » et « Certaines personnes trouvent difficile de prononcer le mot français pour l'ail, tu sais. »

Super ; ça s'est bien passé. Après avoir examiné les quelques photos que j'avais prises, elle a exigé une description détaillée de la propriété, avec des plans et des dimensions (son père était architecte) et les vieilles cartes sont sorties pour que nous puissions essayer de placer un point dans la zone approximative, légèrement au nord de Béziers. Le village était bien trop petit pour apparaître, mais elle pouvait le situer par rapport aux nombreuses villes et villages de France qu'elle avait elle-même visités avec son partenaire ; coïncidence, c'était les mêmes années où Ross et moi voyagions à travers la France et développions un goût pour plus…

Mon grand frère, Nick, a été plutôt surpris. Il ne pouvait pas croire que je n'avais pas prévu de faire ça depuis le début lorsque j'avais réservé mes sept jours de vacances. « On ne décide pas simplement de vivre en France et d'acheter une maison là-bas, comme ça », a-t-il raisonné. Ma réponse, à savoir que oui, c'était un rêve depuis plus de trente ans mais que je n'avais vraiment pas prévu de le réaliser à ce moment précis, à ce rythme, semblait énoncer des faits contradictoires. Il était content pour moi, bien sûr – et semblait même légèrement impressionné que sa petite sœur fasse quelque chose d'extraordinaire. Je suppose qu'aucun d'entre eux n'avait jamais envisagé que je quitterais notre ville natale de Brighton et ne serais plus aussi facilement accessible au quotidien. Je ne l'avais pas non plus considéré comme un fait accompli ; seulement comme une idée abstraite. En tant que famille, nous sommes assez indépendants, nous ne vivons certainement pas les uns dans les poches des autres, mais nous étions tous basés à Brighton, donc nous nous réunissions régulièrement. J'étais déçue que ma proposition de venir célébrer Noël dans ma nouvelle maison l'année suivante se heurte à des obstacles logistiques, mais nous étions tous d'accord pour dire qu'il y aurait bien sûr de nombreux allers-retours réguliers. Et j'étais emportée par une si grande vague. « Les choses se mettront en place, si et quand elles doivent le faire ; c'est toujours comme ça », avons-nous convenu. En fait, dans les années qui ont suivi, ma mère a été la plus régulière de mes visiteuses, et avec mon frère, nous avons exploré les environs assez en profondeur.

La chose majeure la plus importante qui devait être mise en route assez rapidement était la vente de mon appartement.

Je savais qu'il était de bonne taille, bien situé, et j'étais tranquillement confiante de pouvoir le vendre avec un bénéfice suffisant pour couvrir tout ce dont j'avais besoin – après avoir fait un calcul approximatif sur la page des détails du bien de l'agent immobilier français avant de dire « Oui » au café, seulement quelques jours plus tôt. Tout avait été plutôt approximatif, mais les chiffres semblaient fonctionner – J'avais accepté de payer le prix demandé pour la maison, même s'il était au sommet de mon budget initial, car aucuns travaux n'étaient nécessaires, donc je n'aurais pas à faire face aux frais de construction et à toutes les implications que cela comporte. Ce qui était un énorme plus à mes yeux. J'aurais eu du mal à gérer un projet de construction au Royaume-Uni, sans parler d'un pays étranger dans une langue étrangère. Je suis presque sûre que si j'avais choisi la voie du « projet de rénovation d'une propriété française », je me retrouverais dans cinq ans avec un compte en banque vide, un tas de briques et pas de toit.

J'ai demandé à trois agents immobiliers différents de venir et de me donner leur avis ; et j'ai choisi celui qui aimait l'ambiance de ma maison telle qu'elle était, plutôt que ceux qui me disaient que je devais me débarrasser d'une partie de mes affaires. Je ne comprends vraiment pas pourquoi les acheteurs potentiels ont besoin que l'endroit soit presque vide pour le trouver attrayant. Les gens manquent-ils vraiment de vision et d'imagination pour voir comment ils pourraient faire d'une maison qui n'est pas leur propre foyer… même s'ils n'aiment pas la couleur des murs ou le canapé en place à ce moment-là ?! En gardant à l'esprit que la plupart des gens veulent changer des choses lorsqu'ils achètent un nouveau logement, pour y mettre leur empreinte, pourquoi la plupart des agents insistent-ils pour une toile presque vierge et anonyme ? Personnellement, je trouve que voir les idées des autres en place me donne un point de départ pour créer, même si c'est aussi simple que « J'aime ça ; je n'aime pas ça ». Mais bon, n'ayant acheté qu'une seule propriété auparavant et n'en ayant jamais vendu, tout cela était un nouveau processus pour moi. C'était comme ça presque chaque semaine maintenant ; demander, trouver et apprendre. Heureusement, il y avait plein de bonnes personnes avec qui échanger des idées et prendre des conseils !

Immédiatement après avoir convenu de l'évaluation avec l'agent immobilier que j'avais choisi, une lettre est tombée sur mon paillasson le lendemain, envoyée par le conseil municipal de Brighton & Hove, annonçant un grand projet de développement de l'ancienne usine de parfums au bas de mon jardin. Boum ! Mes idées d'une vente facile, à un bon prix, se sont effondrées ! Pour être honnête, lorsque j'ai étudié les détails du projet, cela ne semblait pas si terrible… mais malgré tout, c'était un coup à ma confiance. Ce qui a rendu les choses dix fois pires, cependant, c'est un couple qui avait emménagé dans la rue seulement quelques mois auparavant et qui s'était donné pour mission d'organiser un Groupe d'Opposition de Quartier pour combattre les propositions. Ce qui est tout à fait légitime, mais ils ont commencé par coller des affiches sur tous les arbres du quartier proclamant « Catastrophe ! » avec des déclarations grandiloquentes de malheur et de désolation. Je pouvais imaginer que les visites de mon appartement par des acheteurs potentiels ne commenceraient pas sous les meilleurs auspices, alors qu'ils marchaient dans cette allée de négativité.

Peut-être que ce n'était pas politiquement sensible de ma part d'enlever l'affiche de l'arbre juste devant chez moi, mais vu le nombre d'entre elles dispersées dans le quartier, je me suis sentie obligée de me donner une chance. Au lieu de cela, tout ce que j'ai réussi à faire, c'est d'attirer la colère de ce couple de voisins directement sur ma tête ! Cela m'a semblé très méchant et injuste d'être accusée avec colère : « Tu t'en fiches, tu pars », par des gens qui avaient été si reconnaissants de mon accueil amical seulement quelques mois auparavant. Ils ont lancé un site web, détaillant chaque problème perçu avec les plans de construction. Heureusement, avec mes quelques années d'expérience en tant qu'assistante d'architecte, j'ai pu répondre à chaque point de manière juste et précise. Ils étaient furieux que je propose des solutions utiles à certaines de leurs objections... ce n'était pas une période facile, mais en fin de compte, leur attitude a confirmé qu'après vingt-deux années très heureuses passées dans un quartier charmant, j'étais, en effet, prête à partir.

Mon agent immobilier n'a pas été du tout aussi perturbé par la proposition de développement que je l'avais été. Il a dit que cela n'allait vraiment pas affecter mon appartement de manière négative, donc pas besoin de s'inquiéter de le réévaluer avant même de commencer à le mettre sur le marché. Et il avait raison. J'ai eu un flux régulier de visites, et avant longtemps, il ne restait plus que deux couples également intéressés, chacun offrant exactement le même montant. Apparemment, à ce stade, la procédure correcte est de découvrir qui peut déménager le plus rapidement ; qui a déjà les fonds en place, et de choisir celui-là. Mon approche moins orthodoxe a été de dire à l'agent de voir qui était prêt à offrir 500 livres de plus – juste pour prouver qu'ils le voulaient vraiment. Pour être honnête, cette solution rapide de « briseur de deal » m'est venue alors que j'étais occupée un vendredi après-midi à regarder une moto avec mon bon pote Julius. Nous étions en pleine délibération sur les joies de la moto, sur les routes sinueuses en été, et sur la qualité de ce jouet particulier qu'il envisageait d'acheter, quand l'appel est arrivé sur mon portable. Donc la proposition des « 500 livres de plus » m'a semblé une solution simple. En réalité, le couple plus jeune est revenu en disant qu'ils ne pouvaient trouver que 250 livres de plus, car ils étaient déjà au maximum de leur budget… mais cela m'a suffi. Cela m'a montré qu'ils le voulaient vraiment. Marché conclu ; maison vendue.

Le meilleur dans tout ça, c'est que l'un des jeunes du couple qui a acheté ma maison était journaliste pour notre journal local ; et il avait écrit l'article principal sur le nouveau développement proposé. Il était parfaitement conscient des avantages et des inconvénients du projet, donc j'ai pu conclure l'affaire avec la conscience tranquille et le cœur léger.

Chapitre Cinq

Et maintenant ?

Ainsi, le grand ménage de vingt-deux ans de bazar et la décision de ce que j'allais emporter pour ma nouvelle vie en France commencèrent sérieusement. Une « logistique » qui s'est imposée comme nécessitant d'être réglée était que je n'étais en réalité pas censée emménager dans la maison française avant le début de janvier 2015, mais les acheteurs de mon appartement à Hove tenaient à s'installer le plus tôt possible. Nous avons convenu qu'ils pourraient l'avoir dès début novembre, et que je trouverais un endroit où rester avec mes deux chats pendant huit semaines…

Il y a des moments où je suis incroyablement chanceuse !

Vraiment ; il doit y avoir une Puissance Supérieure qui veille sur moi (et qui sans doute me maudit quand je n'arrive pas du tout à avoir un plan en place avant de me retrouver dans ces pétrins !) Croiriez-vous que j'ai pris contact avec une charmante dame qui avait un appartement fabuleux et très spacieux sur l'une des avenues de Hove, à deux pas du front de mer ? Elle louait habituellement une partie de son appartement à des étudiants, mais elle n'avait aucune réservation pour les huit semaines dont j'avais besoin, car elle prévoyait un voyage en Australie et ne pourrait donc pas être là pour s'occuper d'eux. Nous nous sommes rencontrées, elle m'a évaluée et a décidé qu'elle serait heureuse de me faire confiance pour rester dans sa maison immaculée pendant son absence. Ensemble, nous avons décidé que cela fonctionnerait probablement mieux si elle allait de l'avant et relocalisait son propre chat pour les huit semaines complètes chez une amie qui avait déjà accepté de le prendre pendant que Carolyn était en vacances. Après avoir établi qu'il serait préférable que je recouvre les vieux canapés en cuir avec mes couvertures pour les protéger de Fred et Barney qui utiliseraient leurs griffes pour exprimer leur mécontentement d'être enfermés à l'intérieur, les détails les plus importants de notre court contrat de location ont été rapidement mis en place.

Même avec beaucoup d'aide de mon frère et de quelques autres bons amis, le processus de déménagement a pris beaucoup plus de temps que je ne l'avais anticipé, bien sûr !

J'ai tendance à procrastiner face à de grandes tâches, et je peux être follement trop optimiste quant à mes capacités de gestion du temps. J'avais l'impression de trier, emballer, déplacer des cartons et nettoyer pendant des semaines ! Toute mon attention aurait dû rester fermement concentrée sur la tâche, mais j'appréciais tous les groupes et cours auxquels je m'étais inscrite ces derniers mois et je soutenais que c'était bon pour moi de me détendre et d'avoir des moments de paix au milieu de tout ce bouleversement. C'était un peu ironique qu'après avoir enfin atteint un point dans ma vie où tout se déroulait si bien, je choisisse de tout remettre en question. Je tenais vraiment à chaque connexion, et à tout ce que j'apprenais et faisais… mais j'étais sur mon chemin vers l'Europe continentale. Cela avait pris une certaine inévitabilité, ce qui m'empêchait au moins de me demander chaque soir « Dois-je ? Ne dois-je pas ? » De toute façon, j'étais trop fatiguée pour rester éveillée et hésiter ainsi. Après avoir subi une opération de remplacement du genou en octobre 2013, je constatais, un an plus tard, que bien que ce soit une grande amélioration par rapport à mon articulation usée, les nouvelles pièces métalliques m'empêchaient de me pencher et de m'agenouiller de certaines manières. Il semble que nous soyons obligés de passer beaucoup de temps à quatre pattes pour nettoyer, emballer et trier, ce qui pour moi était plus gênant et plus fatigant que la moyenne.

Heureusement, tout s'est bien passé. Une grande partie

de mes affaires a été temporairement stockée dans le garage de mon amie, et a débordé dans sa chambre d'amis. Merci, Sheila, d'être si facile à vivre et accommodante. Fred, Barney et moi, ainsi que le reste de mes cartons, avons emménagé chez Carolyn et nous nous sommes installés pour attendre la nouvelle année. Les Garçons ont été incroyablement patients et de bonne humeur face au déménagement. Après avoir eu un accès libre et facile, via leur chatière, à mon petit jardin et au monde extérieur pendant leurs trois premières années de vie, ils ont semblé simplement hausser les épaules et dire « d'accord » à cet enfermement forcé. Nous étions trop près de notre ancien domicile pour que je prenne le risque qu'ils essaient de retrouver leur chemin s'ils avaient été autorisés à sortir. Certains chats ont un incroyable instinct de « retour à la maison », et je ne voulais pas vérifier si l'un de mes Garçons faisait partie de cette catégorie. De plus, la grande route très fréquentée au bout de l'avenue – séparant notre maison des pelouses attrayantes du front de mer – était un obstacle bien plus grand que la petite route tranquille qu'ils avaient connue dans leur courte vie. Avoir un roulement régulier de visiteurs pigeons sur les appuis de fenêtre extérieurs aux deux extrémités de notre pièce a certainement aidé à apporter de la variété à leurs journées, mais je leur donne tout le mérite d'être des Chics Types. Un goéland effronté venu sur l'appui de fenêtre un jour leur a fait un peu peur, mais à part cela, ils semblaient apprécier la nouvelle facilité d'observer les oiseaux de près.

Une chose étrange m'est arrivée quelques jours après que Carolyn a été partie pour son grand voyage en Australie. Des cloques ont commencé à apparaître sur mon visage, mes mains et mes chevilles. Elles commençaient très petites, avec une légère sensation de brûlure – mais en quelques heures, elles se transformaient en vilains furoncles enflammés qui brûlaient comme un fou ! Au début, j'ai pensé qu'il s'agissait d'une sorte de réaction bizarre, peut-être à la poussière que j'avais remuée en nettoyant mon appartement. Mon chez-moi n'était pas sale, mais certaines choses n'avaient pas été déplacées depuis un moment, et les démangeaisons initiales ressemblaient à celles causées par la « poussière ». Au début, il n'y avait que quelques cloques, mais chaque jour, de nouvelles apparaissaient, alors j'ai pris rendez-vous avec mon médecin. Le jeune médecin que j'ai vu en premier n'avait aucune idée de ce que c'était ; mon médecin généraliste habituel, plus âgé, a suggéré que c'était dû aux acariens des pigeons qui salissaient les appuis de fenêtre à l'extérieur de mon nouveau logement, et m'a prescrit une crème pour apaiser les démangeaisons. Je suis retournée chez moi et j'ai nettoyé et désinfecté tout l'appartement, très inquiète que mes chats puissent aussi être infectés. Cette nuit-là, j'ai dormi sur une couverture dans le couloir, effrayée à l'idée que le matelas de mon lit puisse être contaminé d'une manière ou d'une autre.

Une réaction intéressante est venue des patients du cabinet dentaire privé où je travaillais à temps partiel. J'avais demandé au dentiste s'il préférait que je reste éloignée du travail lorsque les cloques ont commencé à apparaître, et il avait dit qu'elles n'étaient pas si évidentes et que si je pouvais travailler, il était content que je continue. Pour moi, les cloques semblaient et paraissaient énormes. J'en avais peut-être trois ou quatre sur chaque main, et le même nombre à la racine des cheveux sur mon visage. Pas un seul patient ne les a remarquées ! Je pouvais dire qu'ils ne faisaient pas juste preuve de politesse en n'en parlant pas ; ils ne me regardaient vraiment pas ou ne me voyaient pas correctement. Être « juste la réceptionniste » était une prise de conscience pratique, bien que triste, de mon statut social !

Heureusement, une très bonne amie est passée prendre une tasse de thé avec moi quelques jours après l'apparition des cloques. Je l'avais prévenue qu'elles existaient, et nous étions toutes les deux d'accord pour dire que cela ne semblait pas trop grave… mais quand elle m'a vue, elle a reculé, horrifiée ! C'était en début de soirée, et elles étaient toujours bien pires à la fin de la journée. Elle m'a dit de retourner immédiatement chez le médecin, alors – poussée par son insistance – j'ai fait face à la réceptionniste de mon médecin généraliste et j'ai insisté pour que le médecin me voie tout de suite. Il a convenu que les choses s'étaient aggravées et m'a dit que je devais avoir la maladie de peau très contagieuse qu'est l'impétigo ! Il m'a prescrit une crème antibiotique, ce qui m'a conduit à la rencontre la plus chanceuse avec le pharmacien le plus gentil que j'aie jamais rencontré ! Cet Irlandais doux a fait couler mes larmes anxieuses avec sa compréhension compatissante de mon désarroi à ce moment-là… Il a dit que les cloques étaient vraiment graves et était content d'apprendre que mon médecin m'avait donné une lettre de recommandation pour un dermatologue.

C'était un jeudi soir, et je devais dîner avec ma mère et mes frères chez elle. J'ai appelé pour lui dire que ce ne serait pas une bonne idée de risquer de leur apporter un problème infectieux, mais elle a insisté pour que je les rejoigne. Ils ont été formidables ! Nous avons évidemment maintenu ce qu'on appelle maintenant une « distance sociale », et ma mère avait même drapé un vieux drap sur ma chaise à table, pour que je n'aie pas à m'inquiéter de toucher des tissus. Ils étaient inquiets, bien sûr… mais principalement pour moi, pas pour eux. Je sais que cela paraissait si horrible ; je n'aurais pas voulu risquer de l'attraper. Je ne savais pas comment j'avais pu être infectée, mais je me sentais si honteuse. Cela ressemblait à une maladie « sale », même si l'hypothèse commune était que mon système immunitaire était affaibli après des semaines de stress ; ce n'était donc pas de ma faute. Je me sentais toujours mal, mais cela signifiait que j'étais dispensée de laver la vaisselle après le dîner ! Une rare lueur d'espoir dans ce nuage sombre et désagréable !

Le lendemain matin, je me suis rendue directement à la clinique du dermatologue pour demander une consultation urgente. Les cloques étaient incroyablement douloureuses, surtout la nuit, et chaque jour, de nouvelles apparaissaient.

Comme c'était l'hiver en Grande-Bretagne, et parce que j'avais honte de mon apparence, j'étais emmitouflée dans un manteau, une écharpe et des gants. La réceptionniste ne pouvait pas voir mon affliction, alors elle a été catégorique : elle ne pouvait pas me caser avant le milieu de la semaine suivante, car le spécialiste était complet jusqu'à là. J'ai supplié aussi fort que possible, mais je n'étais pas assez convaincante. Je me suis assise dehors sur le mur de la clinique et j'ai fondu en larmes ; je ne savais pas comment j'allais tenir les prochains jours et je me sentais très, très seule. Je pense que la superviseuse de la réceptionniste avait entendu une partie de notre conversation, car mon téléphone portable a sonné alors que j'étais assise là, et ils m'ont dit de revenir à l'intérieur… le médecin me verrait ce jour-là si je voulais bien attendre un peu.

Quand j'ai enlevé mes vêtements dans la salle de consultation privée et qu'ils ont vu que j'avais plus de quatre-vingts cloques, ils ont compris que j'avais vraiment besoin d'une aide experte. Dieu merci, le médecin a réagi immédiatement et j'ai pu retourner voir mon nouvel ami irlandais à la pharmacie, armée d'une ordonnance pour toute la gamme de pilules et potions nécessaires pour maîtriser cela. Ce n'était pas de l'impétigo ; ce n'était pas dû aux déjections de pigeons ; c'était une réaction allergique à un vaccin antitétanique que j'avais demandé deux semaines auparavant. Cela semblait une bonne idée de faire un rappel pour me protéger lorsque je travaillerais dans mon nouveau jardin en France ; qui sait contre quels clous rouillés je pourrais me frotter ?! Je ne savais pas que les vaccins pouvaient être composés d'un étrange mélange de produits chimiques de nos jours, et que celui-ci, sans rien contre quoi se battre, déciderait d'attaquer ma propre peau ! Il a fallu une forte dose de stéroïdes et d'autres médicaments que je n'aurais normalement jamais demandés pour stopper l'attaque et progressivement, au cours des semaines suivantes, maîtriser les cloques. Cela ne faisait pas partie de mes « préparatifs pour la France » !

C'était un immense soulagement de savoir que mon problème de peau n'était pas contagieux. J'avais encore du mal à dormir la nuit, et je devais prendre soin de mes zones douloureuses, mais au moins je pouvais encore voir mes amis une dernière fois avant de partir pour des contrées étrangères. Un week-end de décembre, j'ai pu participer à un atelier d'une journée avec ma plus vieille amie, Amanda, pour créer des décorations de Noël personnalisées en verre. J'avais besoin de son aide pour couper le verre à quelques reprises, quand c'était trop douloureux de serrer les outils suffisamment forts, mais c'était génial de passer une journée de créativité et de rires avec ma meilleure amie ! Ironiquement, j'ai essayé d'écrire un message joyeux en français sur l'une de mes pièces, mais j'ai mal orthographié le mot « Joyeux » avec un « a » inutile… cela reste aujourd'hui un joli rappel de mes débuts difficiles avec la langue !

Chapitre Six

On y va ?

Comme la nuit suit le jour, la date du départ vers le Sud arriva. Une planification bien intentionnée, mais parfois mal informée, nous avait menés jusqu'ici. Dieu merci pour les amis et la famille !

Non seulement une équipe sélectionnée avait aidé à emballer, déménager, empiler, puis réemballer en vue du grand voyage… mais des amis proches s'étaient également mobilisés pour faire bien plus encore afin de m'aider dans mon périple. J'ai peur que si j'en mentionne certains, j'en oublie d'autres, alors je garderai mes remerciements vagues, bien que ma gratitude envers chacun soit éternelle et profondément sincère.

Un acteur clé était une jeune femme exceptionnelle nommée Hannah, qui non seulement a pris en charge le chat de Carolyn à très court terme lorsque la personne initialement prévue pour s'en occuper s'est désistée, mais qui s'est aussi portée volontaire pour être ma co-pilote lors du voyage vers la France. Elle n'avait jamais rien fait de tel auparavant non plus, mais elle pensait que ce serait amusant et une bonne expérience. N'est-ce pas génial ? Notre « chercheur de chemin » en charge de la lecture de la carte dans la voiture, avec nous et les chats, était Jeb – un ami de l'époque du roller. Il préférait ne pas conduire, mais prenait la responsabilité de nous garder sur la bonne voie. Un groupe d'amis avisés m'avait d'ailleurs offert un GPS/SatNav (anglophone) comme cadeau d'adieu ; le cadeau parfait pour une personne aussi désorientée que moi ! Mes escapades à Montpellier leur avaient donné des sueurs froides et m'avaient finalement amenée à admettre que, par mauvais jour, je ne saurais probablement même pas sortir d'un sac en papier ! La technologie combinée aux bonnes vieilles cartes nous mènerait à destination. J'étais tranquillement confiante d'avoir une idée assez précise de ce qui semblait être un itinéraire facile ; mais pour une raison mystérieuse, tout le monde préférait l'idée du GPS ~

L'instigateur originel de mon exode, Julius, accompagné de son pote Sam, choisirait son propre itinéraire dans le camion rempli de toutes les choses dont je pensais avoir besoin pour commencer ma nouvelle vie, à l'exception des possessions trop vieilles pour faire le voyage. Ainsi, le contenu du camion se composait principalement de deux matelas, de nombreuses photos encadrées (j'aime beaucoup l'art), d'un miroir à cadre doré très lourd, de sacs et valises bourrés de plus de vêtements que nécessaire, et d'une table en bois avec quatre chaises, un trésor acquis grâce à un succès professionnel antérieur. En 1999, j'avais obtenu le titre d'« Employée de l'Année » dans une grande entreprise, et ma prime en argent les avait achetés. Quelques semaines avant le voyage, j'avais repéré une table basse en bois que je pensais être parfaite pour la nouvelle maison, et bien qu'elle ne corresponde pas tout à fait à la table de salle à manger, je me disais que ma nouvelle maison était assez grande pour accueillir les deux. Quelques amis ont stocké cette table supplémentaire pendant ses semaines en Angleterre, et ont confirmé qu'elle remplissait très bien son rôle. Les cadres de lit, canapés, etc., devraient être achetés en France.

J'avais déjà des projets pour l'extravagance d'une télévision grand écran ; ma petite télé serait perdue dans ce grand salon. Dans mes moments les plus fous, j'imaginais un de ces écrans de taille « walk-in », avec des enceintes pour l'expérience « son surround »… heureusement que je ne suis pas allée dans cette direction. Celle que j'ai finalement achetée était assez grande, mais elle ressemblait toujours plus à un timbre-poste sur le mur de ma nouvelle maison. Il y avait tant à voir et à faire dans ma nouvelle vie que la télé est restée inactive pendant des semaines. 95 % du temps, je ne l'allumais que pour réchauffer l'écran et m'assurer que les piles de la télécommande fonctionnaient encore ! J'avais l'idée de regarder la télévision pour m'aider à apprendre davantage de français, mais au début, tout le monde à l'écran parlait bien trop vite. J'ai décidé que si je parvenais un jour à suivre le rythme de la météo nationale, je me déclarerais officiellement fluente ! Les présentateurs des émissions nature parlaient à la vitesse la plus accessible ; lorsque j'ai finalement trouvé la commande pour les sous-titres dans l'index français, les choses se sont améliorées d'un cran, mais j'ai aussi trouvé la commande Version Originale dans le même menu. Cela signifiait que, lors des rares occasions où nous étions prisonniers d'un temps exécrable, je pouvais choisir entre m'évader dans une série télé américaine de seconde zone ou peut-être un bon drame télé britannique. Malheureusement, il y avait de fortes chances que soit la parabole ait été déplacée par la tempête, soit le signal dans la vallée se soit détérioré au point que je ne voyais que des points gris à l'écran. Mais c'était un bel écran, et la qualité de l'image – par beau temps – était exceptionnelle.

Je l'ai classé comme une mini victoire culturelle lorsque j'ai réussi à acheter la télé, pour être honnête. Après avoir trouvé un grand magasin d'électroménager, j'étais impatiente de dépenser ce qui me semblait être une somme importante pour quelques autres articles ménagers en plus de la télé. En luttant pour expliquer mes besoins, j'étais déconcertée lorsque le vendeur a essayé de me guider à travers le showroom et vers la sortie. « Mais je veux acheter ceci et cela », ai-je bafouillé. « Mais non, Madame, il est midi ». « Oui, et je voudrais acheter des choses ». « Désolé, non, c'est l'heure du déjeuner. Revenez après 14 heures, s'il vous plaît ». Quoi ? C'est du jamais vu en Angleterre. Ne voulaient-ils pas mon argent ? Non ; pas autant qu'ils voulaient leur déjeuner, en tout cas. Cela ne les préoccupait pas que je doive traîner dans la zone commerciale pendant deux heures ; le déjeuner, c'est le déjeuner – et il prime sur à peu près tout ! Non seulement les magasins et les bureaux ferment entre 12h et 14h, mais le commissariat de police est également fermé. On peut supposer que si un crime est commis pendant ces heures, le coupable le plus probable ne serait pas un Français. Dans les grandes villes, où les parcmètres sont déployés, ils sont réglés sur « gratuit » à l'heure du déjeuner ; c'est une question de priorités.

Ce fut un peu serré pour tout faire rentrer dans nos véhicules de déménagement. Surtout parce qu'Amanda avait acquis un transporteur plutôt grand pour emmener Fred et Barney dans la voiture avec nous. C'était une cage pour chien, idéalement dimensionnée pour accueillir Les Garçons ainsi qu'un bac à litière, afin d'éviter tout accident pendant le long voyage. Quelqu'un l'avait jetée près des poubelles dans sa rue, et nous étions plus qu'heureux de la recycler. Hannah et moi avions prévu de partager la conduite et de voyager sans arrêt toute la nuit, plutôt que de chercher un hôtel adapté aux chats en janvier, juste pour une courte pause sommeil pour nous trois. Notre itinéraire prévu passait par l'Eurotunnel, puis contournait Paris pour descendre. Julius et Sam avaient choisi de prendre le camion sur le ferry de nuit pour Cherbourg, et nous estimions que nous devrions arriver à destination, à Saint-Nazaire-de-Ladarez, à une heure d'intervalle environ.

Pour garder Les Garçons calmes, il semblait une bonne idée de vaporiser la cage et leur couverture de voyage avec du spray hormonal "Felliway" pour chats. Il est possible que j'aie un peu trop utilisé le spray. Ils étaient complètement assommés et détendus pendant tout le voyage. Fred a même dormi dans le bac à litière, et Barney n'a ouvert qu'un œil ensommeillé pour demander « on est arrivés ? » les rares fois où nous avons ouvert le hayon pour vérifier leur état. Hannah a la moitié de mon âge et est encore plus accro aux chats que moi, donc c'était invariablement elle qui sautait le plus vite de son siège, ouvrait le hayon et jetait un coup d'œil à l'intérieur. Par conséquent, lorsque nous sommes arrivés en France, Barney l'avait adoptée comme sa grande sauveuse et protectrice. Il s'est blotti contre elle et lui a fait confiance, à elle seule, le premier jour dans son nouveau pays.

C'est peut-être le bon moment pour présenter ma voiture ; c'est une Citroën Xsara Picasso, de couleur gris argent (naturellement… en faisaient-ils d'autres couleurs ?). L'acheter a été une autre de mes décisions indirectes, un peu comme rester à Montpellier plutôt qu'à Marseille lors de ce voyage fatidique en juin. Mon raisonnement infaillible avait été d'acheter une voiture française, pour faciliter les relations futures avec les garagistes et avec l'avantage supplémentaire d'un volant du bon côté pour l'Europe continentale. Mon frère m'avait orientée vers l'achat d'une Citroën Berlingo, avec ses grandes fenêtres charmantes et son espace de chargement impressionnant. Le concessionnaire automobile que j'avais trouvé en cherchant « voitures à conduite à gauche à vendre au Royaume-Uni » sur Google avait été très utile et m'avait immédiatement informée que la Berlingo, ainsi que la Renault Kangoo, étaient incroyablement populaires en France – pour les raisons évoquées – et conservaient donc très bien leur valeur. (Au fait, pour trouver une maison, j'avais commencé par chercher « immobilier en France » sur Google… c'est incroyable où des questions simples et basiques peuvent vous mener. Pas besoin de connaissances internes !)

Bien que j'étais prête à dépenser considérablement plus que d'habitude pour cet achat de voiture particulier, il semblait que je n'obtiendrais pas grand-chose pour mon argent, voire rien, si je m'en tenais à ces deux modèles. En parcourant la gamme de voitures sur son site web, mon regard a été attiré par la Xsara parce qu'elle s'écrit presque comme mon prénom. Oui, je sais, ce n'est pas comme ça qu'on devrait prendre ce genre de décisions… mais en fait, ma voiture a été parfaite pour cette vie française ! Non seulement elle a des sièges bien plus confortables que ces deux prétendants, mais elle a des tonnes d'espace si on baisse les sièges arrière.

La voiture n'était disponible pour que je la récupère chez le concessionnaire que quelques jours après Noël ; juste dix jours avant notre départ pour la France. Heureusement, le mari d'Amanda, Alan, l'a vérifiée une dernière fois avant que je ne débourse mon argent, et m'a indiqué quelques détails clés que je pourrais avoir besoin de connaître plus tard. Notamment que la roue de secours était suspendue sous la voiture, et non stockée dans le coffre, et que le cric était caché dans un espace discret dans le plancher arrière. Son conseil général était de consulter le manuel, disponible dans la boîte à gants ~ c'était très instructif ! Amanda a été la courageuse co-pilote assise à mes côtés pendant que je m'habituais à la conduite à gauche en ramenant la voiture de Basingstoke à Hove. Nous avons bien ri pendant ce petit trajet avec ma plus vieille amie ; c'était doux-amer de savoir que je ferais bientôt beaucoup plus de ça… en solo.

Non seulement l'énorme cage (pour chien) pour chats a tenu dans la Xsara avec quelques centimètres à peine ; ma voiture a ensuite transporté un mélange intéressant de charges de formes étranges, a ramassé une lourde machine à laver, et même rapporté la plus grande partie d'un stère de bois (bois de chauffage). Un stère est une mesure équivalente à 500 kg de bois, qui occupe généralement environ un mètre cube d'espace. Tout dépend de la longueur du bois, qui dépend elle-même de la taille de l'ouverture de la porte de votre poêle à bois. Lorsque j'ai cherché un fournisseur, on m'a dit d'insister sur du « sec et ouverte », ce qui se traduit par « sec et ouvert » – en d'autres termes, du bois fendu en forme de triangles, plutôt que des bûches entières.

J'ai une confession à faire. Je dois encore dix euros à l'homme pour mon tas de bois. Lorsque je suis allée chez le marchand recommandé pour le meilleur « sec et ouverte bois » à une distance raisonnable de mon village, j'étais un peu nerveuse au moment de charger ma voiture. Nous avions convenu du prix d'un stère, puis nous étions mis d'accord que c'était trop pour tenir dans ma voiture – même avec les trois sièges arrière rabattus. Nous avons donc décidé de mettre autant que possible et de calculer le prix en conséquence. Le dépôt du marchand de bois était situé sur un chemin à gauche, juste après un panneau indiquant « Poneys » – personne n'a jamais corrigé l'orthographe. Ses impressionnants tas de bois étaient entourés de hautes clôtures métalliques, avec des portes verrouillées, et gardés par un très gros berger allemand. Le bois est une denrée précieuse lorsque chaque maison possède un poêle à bois. J'ai eu une certaine envie en voyant le tas de bois d'un couple du village ; leur bois était si bien rangé, classé par taille, et parfaitement empilé le long d'un mur de leur maison. C'est un véritable art en soi.

Quoi qu'il en soit, j'avais klaxonné pour signaler mon arrivée, mais je suis restée dans ma voiture jusqu'à ce que l'homme soit assez près pour prendre le contrôle total (voix comprise) du chien. Il y avait plusieurs bûches « non-ouverte » dans le tas (les appellerait-on « fermée » peut-être ?) et bien que j'aie apprécié fendre du petit bois avec ma petite hache pour ma minuscule cheminée à Hove, je ne voulais pas passer des heures à fendre ces grosses bûches ! Plus tard dans la soirée, un ami en Angleterre m'a convaincue que je pouvais facilement maîtriser l'art de la coupe du bois… tout était une question de répartition du poids. Il m'a expliqué le processus au téléphone ; cela ne semblait pas trop difficile. J'ai donc acheté une hache, essayé quelques coups d'essai, me suis effrayée moi-même en réalisant les implications de mon manque de précision, et l'ai laissée à la cave pour toujours. Manier une hache de taille normale n'est pas l'une de mes compétences ~

L'homme qui vendait le bois avait manifestement manié une hache pendant des années, et je ne peux pas lui en vouloir d'avoir essayé de glisser quelques morceaux non fendus. Je ne pense pas qu'il m'en ait voulu non plus d'avoir fait de mon mieux pour les retirer. Entre nous, nous avons finalement réussi à entasser suffisamment de bois dans la Xsara, en veillant à fermer soigneusement la porte arrière. Je ne voulais pas qu'une bûche mal placée ne vienne percer ma vitre arrière ! Le chien avait ignoré le processus de chargement de la voiture, mais semblait dresser les oreilles quand est venu le moment de lui donner mon argent. L'homme voulait cinquante euros, il ne voulait pas prendre de chèque ou de paiement par carte, et je n'avais que quarante euros sur moi. Il m'a fait confiance pour revenir, et honnêtement – j'avais les meilleures intentions et j'ai essayé… mais le chien était là et lui non, et je n'ai pas vu de boîte aux lettres… et le temps a passé ~

Maintenant que j'ai avoué ma dette ici, je vais devoir y retourner et la régler, c'est sûr !

J'ai un peu digressé, mais avant de revenir sur le sujet, je dois ajouter qu'une brouette flambant neuve a été un autre ajout à ma collection toujours grandissante d'objets pratiques. J'avais toujours voulu une brouette, et je l'adorais, même si elle avait une roue qui grinçait dès le premier jour, et qu'aucune quantité d'huile ne pouvait la faire taire. C'est une étrange coïncidence, car j'avais un problème similaire avec l'une des roues de mes rollers pendant des années – à tel point que certains sur la promenade de Hove m'appelaient « Grinçante ». Mais bon…

Le vrai avantage d'acheter une voiture française chez un concessionnaire anglais puis de la ramener en France, c'est que le concessionnaire vous fournit la paperasse Indispensable pour réimmatriculer la voiture en France. Le processus m'a quand même coûté une semaine de ma vie, à faire des allers-retours au bureau de la Préfecture de Béziers pour obtenir un nouveau numéro d'immatriculation français… mais sans les papiers fournis par ces experts britanniques, j'aurais peut-être encore essayé. Ceux qui s'y connaissaient m'ont assuré que la Mairie (mairie) de mon propre village devrait pouvoir traiter la demande de réimmatriculation, mais lorsque j'ai posé ma question polie, j'ai reçu un simple « non », et l'un de mes premiers défis s'est dressé devant moi.

On m'avait dit qu'il fallait réimmatriculer sa voiture dans les trente jours suivant l'installation en France pour que l'assurance française reste valide. Mais le bureau de la Préfecture de Béziers n'est ouvert qu'à certaines heures certains jours. Et il faut prendre un ticket numéroté – comme ceux pour acheter du fromage au comptoir des charcuteries dans les supermarchés – pour rejoindre la file d'attente dans la partie concernée du bâtiment avant de pouvoir présenter votre Dossier d'Espoir à un employé. Malheureusement, je suis tombée sur un employé visiblement affamé, juste avant l'heure du déjeuner. Il parlait un français rapide et était irrité que je manque de quelques documents. Je me suis excusée en disant que je ne parlais/comprenais qu'un peu de français, et je lui ai demandé de bien vouloir m'expliquer une fois de plus ce que je devais faire. Il m'a informée que ce n'était pas de sa faute si je ne parlais pas français. Lorsque j'ai tenu bon, indiquant qu'il était inutile que je parte sans plus d'indications sur la marche à suivre, il m'a remis un document – en anglais clair – listant les papiers supplémentaires que je devais lui rapporter un autre jour.

Le document de la plus haute importance était une facture d'EDF. Pour à peu près chaque achat clé ou transaction significative que j'ai entreprise en France, la facture d'EDF a été le document en or. Elle prouve, sans aucun doute, que vous résidez en France et que vous payez vos factures. J'ai essayé de proposer mon passeport, l'acte d'achat de ma maison, des copies de relevés bancaires britanniques et français... tout en vain. Sans une facture d'électricité authentique d'EDF, vous ne pouvez tout simplement pas être vraiment considéré comme fiable. Mon vieux notaire à Hove avait utilisé son tampon familial et un sceau de cire chaude pour authentifier un document d'identité pour moi, avant que je quitte l'Angleterre. Je n'ai jamais pu me résoudre à lui parler d'EDF.

Un autre document que le fonctionnaire de la Préfecture voulait était un justificatif des taxes payées pour l'achat de ma voiture (le reçu d'achat ne suffisait pas) et j'ai dû me rendre dans un autre bureau de l'autre côté de la ville pour l'obtenir. Le personnel ici était souriant mais vague. Ils m'ont donné un formulaire à remplir, et j'ai fait un calcul rapide pour déduire 15 % du montant que j'avais payé afin que, lorsque l'employé était prêt à tamponner mon formulaire, il puisse inscrire ce chiffre dans la case appropriée. En réalité, j'ai commis une erreur de calcul, mais personne ne l'a remarqué ; tant que j'avais le tampon, c'était suffisant. Une amie suédoise s'est heurtée à un obstacle bureaucratique similaire lorsqu'elle a dû traiter avec un service fiscal en France. Ils avaient besoin d'un document tamponné pour authentifier certains chiffres. Bien que tous ces faits fussent exacts, il n'y avait aucun moyen pour elle d'obtenir un tampon sur les papiers... alors elle a utilisé un tampon circulaire suédois qui disait en réalité « Joyeux Noël » pour lui donner la gravité requise. Cela a fait l'affaire !

Me voilà donc... de retour au bureau d'origine, priant pour tomber sur un autre employé au comptoir cette fois, le destin a décidé que je pouvais gérer la situation. Lorsqu'il m'a reconnue debout devant lui, le fonctionnaire surchargé a presque réussi à dissimuler un soupir fatigué. Adoptant ma meilleure posture « agréable mais humble », j'ai bégayé « J'espère que j'ai tout ce qu'il faut cette fois » et j'ai attendu, et attendu, pendant qu'il vérifiait chaque document une fois de plus. Il devait sans doute revenir au comptoir après une pause-café particulièrement agréable, car il m'a récompensée d'un sourire, d'un hochement de tête indiquant que tout était en ordre... et d'une facture à payer pour le plaisir de faire la queue à une autre fenêtre afin d'obtenir la nouvelle série de lettres et de chiffres pour ma brillante monture française.

Faire fabriquer et fixer les nouvelles plaques d'immatriculation était également rassurant. La loi exige qu'elles soient indémontables de la voiture, donc quelques simples vis n'étaient jamais une option. Pour vous, ce n'était peut-être qu'une Citroën Xsara, mais c'était une dame française… il fallait dépenser de l'argent pour atteindre un minimum requis, sans se plaindre.

J'ai développé une profonde affection pour la Xsara au cours des années suivantes. Peut-être parce qu'elle a fidèlement transporté mes amis et moi sur de longues distances ; non seulement le voyage initial du Nord au Sud, mais aussi pour de nombreux allers-retours à l'aéroport, des visites touristiques et des explorations aléatoires de routes secondaires. En la regardant de l'extérieur, cependant, vous n'auriez peut-être pas pu deviner que je tenais à ma voiture. Pour une raison quelconque, en déménageant en France, j'ai commencé à systématiquement abîmer et rayer à peu près chaque panneau de ma Citroën autrefois immaculée ! Les premières éraflures sont venues des marches en pierre, dépassant inopinément de la largeur des « trottoirs » symboliques dans les ruelles étroites. Ce n'est pas ce à quoi on fait attention lorsqu'on explore de nouveaux itinéraires… enfin, pas au début, en tout cas.

Et puis il y a les rues sournoises des petites villes qui commencent avec une certaine largeur, mais une fois que vous avez franchi quelques coins aveugles, les bâtiments se rapprochent de plus en plus. Lorsque vous êtes allé trop loin pour vouloir tenter une marche arrière en plusieurs virages, vous réalisez que les trottoirs ont totalement disparu, et votre seule chance de vous faufiler dans l'espace considérablement réduit entre deux maisons au bout de ce cauchemar étroit a été éliminée par un poteau métallique stratégiquement positionné – protégeant les murs de pierre ! Cela m'est arrivé par une chaude journée d'été alors que j'étais en retard pour un rendez-vous chez le dentiste (une autre peur) dans une ville que je n'avais jamais visitée auparavant (évidemment !). Après avoir établi, avec mon panneau de porte, que le poteau métallique ne céderait vraiment pas le pouce supplémentaire nécessaire, j'ai passé au moins quinze minutes à faire une marche arrière tortueuse en zigzag… la seule bénédiction étant qu'aucune autre voiture n'est arrivée pour m'harceler.

Mes compétences de conduite en Angleterre avaient été irréprochables, pendant plus de vingt-cinq ans ! Pas une seule rayure ou bosse sur aucune des vieilles voitures délabrées que j'avais conduites. Et maintenant, il semblait que je ne pouvais quasiment pas descendre une route sans causer plus de dégâts. Ce qui est dingue, vraiment, quand on considère que les routes entre Béziers et Saint-Nazaire-de-Ladarez sont presque désertes. En un trajet d'une demi-heure, bien souvent le seul endroit où l'on croise un autre véhicule est sur le petit pont où la route se rétrécit à la largeur d'une seule voiture. Ça peut être plus animé pendant la période des vendanges, lorsque les petits tracteurs tirant des remorques débordant de raisins font des allers-retours entre les caves de leur propriétaire et les bâtiments de la Cave Coopérative. Ces Coopératives sont nées à la suite du soulèvement des travailleurs, en protestation contre les grands propriétaires terriens qui s'accaparaient tous les profits de leur labeur, tout en payant une misère aux hommes dans les champs. Le peuple s'est uni, et après quelques affrontements sanglants, les Associations ont été formées et les immenses bâtiments construits pour abriter les cuves communales auxquelles chaque petite propriétaire de vignoble pouvait apporter sa part. Aujourd'hui, il est courant que les viticulteurs conservent une partie de leur récolte pour produire leurs vins sous leur propre label, tout en envoyant une partie des raisins à la Coopérative, pour produire des vins génériques de la région. De cette manière, le viticulteur est assuré d'un certain revenu, puis il tente sa chance en vendant son propre domaine individuellement.

Il y a une histoire selon laquelle, lors d'un des soulèvements contre les propriétaires terriens, la police municipale de Béziers a été appelée pour réprimer des fauteurs de troubles. Mais la plupart des hommes de la force avaient des parents qui travaillaient la terre, alors ils ont refusé d'attaquer leurs propres proches. Il n'y a pas si longtemps, les vignobles en automne étaient remplis de rangées de cueilleurs, travaillant le long des rangs pour récolter la vendange. Aujourd'hui, il n'y a plus beaucoup de vignobles où les grappes de raisins sont cueillies à la main ; à la place, un énorme tracteur secoueur de vignes effectue le travail en un temps record. Si vous croisez l'un de ces géants sur la route, c'est un spectacle étonnant de regarder entre les deux énormes bras secoueurs et de voir la route continuer devant vous. Il n'est pas rare que ce coûteux engin agricole soit loué entre voisins, ce qui aide à répartir les frais. L'autre véhicule « communautaire » dans le processus de vinification arrive à une autre période de l'année...

Le miracle qu'est le Camion de Mise en Bouteille contient un système merveilleusement automatisé de pompes, rouleaux et tuyaux, sans oublier le mécanisme de pose des bouchons. Le vin d'une cave individuelle dans la rue de n'importe quelle ville de campagne est acheminé dans le camion, et ressort de l'autre côté en bouteilles, avec une étiquette personnalisée et emballé en cartons de six bouteilles. Le signe révélateur que ce processus est sur le point d'avoir lieu est de voir des palettes enveloppées de film plastique pleines de bouteilles attendant au bord de la route quelques jours auparavant. C'est un hommage à l'appréciation nationale de ce métier traditionnel que je n'ai jamais vu le moindre signe de vandalisme sur l'une des piles de bouteilles vides.

Contrairement à ma pauvre voiture négligée, qui a subi sa prochaine blessure à cause d'un faisan effrayé. Je conduisais béatement sous le soleil printanier, sans être dérangée par aucun autre trafic alors que j'approchais d'une vue de conte de fées préférée sur nos routes de campagne idylliques, entre Causses et Murviel. Juste avant d'atteindre ce sommet de colline chéri et son point de vue populaire, cet oiseau a traversé la route comme s'il avait été propulsé par une fusée. Il a simultanément fracassé mon phare et enfoncé une grosse bosse dans mon aile avant (sans ironie voulue).

J'avais essayé d'esquiver, mais je n'ai pas été assez rapide pour éviter la collision. Je n'ai pu que m'excuser auprès de cette belle créature, alors que je la déplaçais de l'endroit où le soleil tapait, vers un endroit abrité et ombragé sur le bas-côté de la route, sous un arbre. Ses yeux se sont fermés, et la vie a quitté son corps en quelques instants. Je ne savais pas quoi faire. La « citadine » en moi estimait qu'il méritait le respect d'une sépulture, mais la fille qui vivait à la campagne depuis plus d'un an reconnaissait, cependant, qu'un autre animal sauvage de passage apprécierait probablement un dîner gratuit. Je sais qu'il existe une règle selon laquelle un conducteur de voiture n'a pas le droit de ramasser et de garder son propre gibier mort sur la route – sans doute pour décourager toute tentative intentionnelle de faire une embardée et de ramener le dîner à la maison sans quitter le véhicule. Comme il n'y avait pas de voiture derrière moi, j'ai aussi brièvement envisagé de rester là, avec un faisan mort pendouillant entre mes mains, jusqu'à ce que le prochain conducteur passe... mais il faisait chaud, et la route n'était pas très fréquentée. Cela aurait pu prendre un moment. J'ai laissé M. Faisan à M. Renard, et j'ai continué ma route. Ce fut un autre défi pour mes compétences en français en développement d'expliquer à mon sympathique garagiste pourquoi j'avais besoin d'un nouveau phare ; à 160 euros d'occasion, je suis contente de ne pas avoir rencontré d'autres oiseaux de gibier lors de mes déplacements.

Heureusement, en France, nos voitures ne sont soumises à un Contrôle Technique que tous les deux ans, au lieu d'un contrôle annuel. En Angleterre, le contrôle technique des véhicules est obligatoire. Et il semblerait que les bosses, les rayures et les éraflures ne soient pas d'une grande importance tant que le véhicule reste en état de rouler. C'était une source d'embarras pour moi, lorsque des amis anglais venaient me rendre visite, de devoir expliquer l'état de dégradation de ma Xsara. Mais certains jours, ces mêmes bosses étaient une sorte de « badge d'honneur » déformé, signifiant que les autres usagers de la route française cédaient le passage à quelqu'un qui était manifestement un conducteur imprudent mais qui avait – jusqu'à présent – survécu pour raconter ses histoires !

Chapitre Sept

Et c'est parti !

Lundi 6 janvier 2015. Après un délicieux dîner de « dernière nuit » et des adieux émouvants avec ma mère et mes frères - après avoir passé un moment vraiment formidable lors d'une réunion d'adieu avec un mélange charmant de mes amis les plus chers quelques jours auparavant - il ne restait plus qu'à charger Les Garçons dans la voiture, à caser quelques fournitures essentielles pour Jeb, Hannah et moi-même, et à prendre la route. Les préparatifs pour ce jour au cours des six derniers mois avaient été une succession de défis inédits ; ma tête était pleine de mille détails différents au quotidien. Heureusement, cela laissait peu de place pour réfléchir à ce que cela signifiait vraiment de quitter la structure stable des amis et de la famille qui remplissaient ma vie. Il y a eu des moments où mon cœur s'est serré et une boule s'est formée dans ma gorge, bien sûr, mais je disais « À bientôt en France ! » plutôt que « Au revoir », ce qui suscitait généralement une vague d'excitation et d'heureuse anticipation.

Nos rations de dernière minute pour ce voyage routier mémorable avaient été complétées par des colis alimentaires généreux de ma belle-sœur Anne, qui a non seulement le don de préparer les gourmandises les plus savoureuses pour satisfaire les faims les plus profondes, mais qui n'a jamais reculé devant la préparation de suffisamment de bons petits plats pour nourrir une petite armée. Je défie quiconque de demander « y en a-t-il encore ? » après avoir savouré un repas préparé par Anne. Julius et Sam n'en croyaient pas leurs yeux lorsqu'on leur a présenté leur paquet de gourmandises ; ils ont avoué plus tard avoir dévoré la plupart des contenus avant même de quitter le bateau et de poser le pied sur le sol étranger. Nous trois dans la voiture avons fait preuve d'un peu plus de retenue, mais même ainsi, il ne restait plus une miette au moment où nous étions à mi-chemin de la France. Merci encore, Anne ! Et merci aussi à ma chère amie américaine Lucky pour le sac de grignotages et de friandises qu'elle m'a offert ; certaines personnes savent instinctivement ce qu'il faut pour qu'un voyage se passe bien.

C'était janvier, en Angleterre, le temps n'était pas au beau fixe mais nous étions sur la côte sud, pas dans le nord gelé ; cela aurait pu être bien pire. Hannah a choisi de conduire en premier, afin de se familiariser avec la conduite d'une voiture à gauche tout en étant encore sur les routes britanniques. Cela signifiait qu'elle devait affronter la circulation de l'heure de pointe en début de soirée, au crépuscule sous la pluie, sur le chemin de Douvres – il était donc juste qu'elle soit aussi celle qui vivrait l'expérience de la « première fois » en conduisant sur le train-auto à l'entrée du tunnel. J'ai été légèrement déçue que l'agent des douanes n'ait même pas jeté un coup d'œil dans la voiture pour vérifier que j'avais bien les deux chats pour lesquels j'avais payé un supplément de transport… comment ce système fonctionne-t-il ? Peut-être que ce n'était pas si important puisque je les emmenais hors du pays ; je suis sûre que les contrôles de rage sont bien plus stricts lorsque les animaux reviennent. Je me suis demandé s'ils avaient une sorte de machine à rayons X thermiques qui pouvait scanner la voiture et voir deux petits corps chauds blottis l'un contre l'autre, mais on m'a dit « non » – c'est bien trop fantaisiste comme pensée de science-fiction !

L'expérience du train-auto dans le tunnel a été si simple que je ne me souviens d'aucun détail excitant à partager avec vous. Nous sommes montés, nous avons traversé le tunnel à toute vitesse, nous sommes descendus. Puis ce fut mon tour de prendre le volant, de choisir le bon côté de la route et de m'élancer dans l'obscurité avec les papillons dans l'estomac qui dansaient leur danse familière. À la première station-service, nous nous sommes arrêtés pour coller les triangles noirs adhésifs sur les phares, afin de ne pas éblouir les conducteurs venant en sens inverse. Aucun de nous ne savait vraiment où coller les triangles, pour être honnête – même après avoir lu les instructions détaillées à la lumière de nos phares incriminés. Nous avons fait de notre mieux, et nous avons continué. J'étais reconnaissante que les autres ne demandent pas pourquoi diable je n'avais pas vérifié ce détail de sécurité avant de partir. Pour être honnête, après avoir acheté le paquet des semaines auparavant en même temps que suffisamment de gilets jaunes et d'éthylotests pour être en règle en France, ces petits triangles noirs ne m'étaient plus revenus à l'esprit jusqu'à maintenant.

Grosso modo, notre voyage vers le Sud s'est déroulé ainsi : tourner à droite à Calais, descendre vers Rouen, veiller absolument à contourner Paris (en ignorant les nombreuses invitations à se diriger vers le centre-ville) et prendre résolument la sortie d'Orléans, continuer vers le sud puis bifurquer à droite en direction de Limoges. J'ai de merveilleux souvenirs de ski nautique sur les lacs de Limoges – mais c'est une autre histoire pour un autre moment. De Limoges, c'est une ligne droite claire en direction de Toulouse, via Brive et Montauban.

En évitant les centres-villes autant que possible et en faisant des pauses rapides pour le café et des en-cas dans les stations-service en chemin, nous avons fait de bons progrès. Hannah et moi étions toutes deux heureuses de faire de courtes siestes pour reposer nos yeux ; nous avons trouvé un rythme coopératif, de sorte que nous n'avions pas besoin de fixer de points de relais formels en termes de temps ou de distance. Nous parlions simplement lorsque nous étions fatiguées, et lorsque nous nous sentions prêtes à repartir. Bizarrement, au sud d'Orléans, chaque fois que Hannah était au volant, un épais brouillard s'installait, rendant très difficile de voir quoi que ce soit devant le véhicule et bien sûr, l'obligeant à ralentir pour rester en sécurité. Conduire dans ces conditions sollicite tous vos sens et est très fatigant, elle devait donc faire des pauses plus souvent qu'elle ne l'aurait souhaitée. Ce qui était tout aussi injuste, c'est que chaque fois qu'elle fermait les yeux pour se reposer un moment et que je prenais le relais, le brouillard se dissipait et je pouvais filer sur des routes lisses et désertes, sans aucun souci ! Nous échangions à nouveau lorsqu'elle était prête à reprendre le volant, et voilà que le brouillard revenait ! Elle a été formidable. Pas de plaintes, pas de chichis... elle nous a emmenés plus loin sur notre route avec détermination. Plus tard, elle m'a dit qu'elle avait rêvé de « conduire dans le brouillard » pendant des semaines après... Je suis vraiment désolée, Hannah – et merci infiniment d'avoir été une telle héroïne dans mon moment de besoin.

Jeb aussi était fatigué, restant vigilant dans son rôle de copilote ; ses yeux supplémentaires vérifiaient activement les panneaux de signalisation et l'itinéraire inconnu alors que nous avancions. Au moment où nous avions contourné les travaux routiers à Toulouse, le ciel sombre commençait à laisser place à l'aube. J'ai repris le volant et mes deux compagnons se sont endormis paisiblement. Cela a créé un dilemme momentané pour moi lorsque j'ai vu les panneaux indiquant que nous approchions de Carcassonne. Ma mère m'avait dit que c'était une ville spectaculaire, mais je n'étais pas sûre si elle serait visible depuis l'autoroute, ni à quel point elle serait impressionnante. J'ai décidé qu'il était plus gentil de les laisser continuer à dormir, puis je me suis discrètement excusée à profusion (dans ma tête) lorsque la vue emblématique de cette ville fortifiée a orné l'horizon, avec les brumes douces d'un lever de soleil complétant la magie. Waouh ! C'était un endroit qui valait vraiment le coup d'œil, c'est sûr… Heureusement, lorsque j'ai informé Jeb et Hannah de ce qu'ils avaient manqué, ils l'ont bien pris ; ils étaient fatigués et pressés d'arriver à destination, donc le tourisme n'était pas leur priorité à ce moment-là.

En prenant la direction de Montpellier depuis Carcassonne, l'excitation grandissait en moi à mesure que les routes devenaient plus familières. J'ai quand même réussi à rater la sortie pertinente à l'ouest de Béziers, mais un simple demi-tour à l'aire de repos suivante nous a ramenés sur la dernière ligne droite, en direction du village. Nous avons dû faire un dernier détour pour récupérer les clés de la maison chez l'agent immobilier (pas Charles, mais son patron, Freddy). Il m'avait donné des indications approximatives pour trouver sa maison, située quelque part près du café à Saint-Geniès-de-Fontedit. Les instructions incluaient une référence à un « dos de cochon » qui m'a laissée perplexe, mais j'ai pensé naïvement que je le reconnaîtrais en le voyant. Mais non. Alors que je traînais péniblement notre voiture et son contenu dans les petites rues de la ville, après vingt longues heures de conduite, je ne voyais rien qui ressemblait de près ou de loin à un dos de cochon.

Frustrée, j'ai appelé Freddy et lui ai demandé s'il pouvait venir me retrouver au café, car il avait dit que sa maison n'était qu'à une courte distance de là. Il ne pouvait pas ; c'était l'heure du déjeuner et il était en train de manger. J'ai dit que j'avais deux chats dans la voiture, ainsi que deux amis, et que nous étions tous très chauds et fatigués - Il a répété les instructions concernant le dos de cochon, mais avec quelques détails supplémentaires de « tournez à droite » et « tournez à gauche », ainsi qu'un nom de rue qui manquait auparavant. Hourra ! Nous avons trouvé sa maison, et il a pris une courte pause dans son déjeuner pour venir à la porte et me remettre un impressionnant trousseau de clés. Un « dos de cochon » est un « ralentisseur » pour vous et moi, d'origine anglaise ; la bosse sur la route pour ralentir la circulation. Pff ! Quelle idiote de ne pas avoir compris ça !

L'heure du déjeuner. Je réalise maintenant à quel point je me suis intégrée lorsqu'une amie m'a dit la semaine dernière qu'elle avait un rendez-vous chez son coiffeur à 13h30. J'étais incrédule. Elle devait se tromper. L'heure du déjeuner en France s'étend de 12h à 14h ; tout le monde le sait ! Cela devait être un cas d'urgence incroyable pour que le coiffeur prenne un rendez-vous à cette heure-là. Une fois récemment, je suis allée à la gendarmerie à 11h45 pour signaler le vol de mon vélo. Je n'ai pas été autorisée à passer la porte principale. Il aurait fallu plus de quinze minutes pour remplir tous les documents nécessaires, donc ils ne voulaient même pas commencer à prendre les détails. On m'a conseillé de revenir après 15h, car c'était toujours particulièrement chargé juste après le déjeuner. Sans doute que les criminels revenaient pour leur service de l'après-midi à ce moment-là, eux aussi !

L'heure du déjeuner, janvier 2015 ; Hannah a gentiment suggéré que ce serait peut-être mieux si elle prenait le volant pour les derniers kilomètres, et bien que je voulais ressentir l'excitation de conduire triomphalement dans mon nouveau village, j'ai admis que j'étais peut-être un peu épuisée (ce fut un long voyage, à bien des égards !) mais j'ai insisté pour avoir le siège du copilote pour tout absorber. Cela faisait six mois que j'étais venue ici et que j'avais conclu cet accord décisif ; c'était un Grand Moment sur mon chemin de vie déjà sinueux.

Alors que les derniers tronçons de route se déroulaient devant nous, j'ai soudain été terrifiée par le sentiment d'être si loin de la civilisation ! Les distances semblaient bien plus longues que dans mes souvenirs ; les collines plus grandes, les routes plus étroites. « Mais qu'est-ce que je fiche ici ? » ai-je gémi. Hannah et Jeb étaient perplexes et ne trouvaient aucune réponse évidente ; j'avais choisi cette nouvelle vie et, jusqu'à quelques minutes auparavant, j'étais plutôt excitée… Nous étions fatigués, tout irait bien, telle fut notre conclusion unanime.

Ma confiance est revenue lorsque nous sommes arrivés devant cette grande église et nous sommes garés à l'extérieur. Je pouvais montrer que cet endroit m'était (un peu) familier et que je pouvais au moins trouver le chemin de ma propre porte d'entrée sans faire de fausse manœuvre !

À nous trois, nous avons transporté les chats et leur cage à l'intérieur, et l'effet <Wow> sur Jeb et Hannah en entrant fut une récompense en soi. J'ai rayonné de fierté un instant, puis j'ai soudainement éclaté en sanglots en m'exclamant : « Cette maison est bien trop grande pour moi toute seule ! ».

Nous avons installé les chats en sécurité à l'étage, derrière une porte de chambre, ouvert les portes-fenêtres et sorti des coussins de la voiture pour nous asseoir et profiter du soleil étonnamment chaud de janvier. Après une tasse de thé et quelques en-cas sucrés, j'avais retrouvé un peu de courage et nous étions tous les trois enthousiasmés par la chaleur, le jardin et de nombreux autres détails de cet endroit splendide que je pouvais désormais appeler « chez moi ».

Dès que le soleil a disparu derrière les collines, la chaleur a brusquement quitté la journée, et nous avons commencé à nous demander combien de temps il faudrait encore avant que Julius et Sam n'arrivent… Nous n'avions pas pu les joindre sur leurs portables pendant tout le trajet, mais nous n'étions pas trop inquiets. C'étaient des gars adultes, parfaitement capables de se débrouiller lors de ce voyage à travers un pays européen civilisé. Ils étaient tous les deux pratiques et décontractés, alors nous avons supposé qu'ils prenaient leur temps et profitaient du voyage. S'il y avait eu un problème, ils auraient trouvé un moyen de nous contacter.

Comme il semblait n'y avoir absolument rien d'ouvert à Saint-Nazaire, Hannah a suggéré avec tact qu'il serait peut-être judicieux qu'elle et moi retournions au village précédent pour trouver quelque chose à manger pour le dîner, plutôt que d'attendre plus longtemps l'arrivée des gars. Jeb pourrait rester à la maison au cas où ils arriveraient pendant notre absence. D'une manière ou d'une autre, j'avais complètement raté le grand supermarché SuperU sur notre route vers les collines depuis Béziers ; de même, je n'avais pas remarqué un magasin Lidl pratique un peu plus loin sur la même route. Ce dont je me souvenais, c'était d'un Spar de la taille d'une épicerie dans le village suivant, Murviel-lès-Béziers. Je dois préciser à ce stade que je prononçais mal les noms de toutes les villes et villages locaux. Le village à seulement dix minutes de Saint-Nazaire est Causses et Veyran, que j'appelais « Causes » mais qui se prononce en fait « Coz ». La ville précédente de Murviel, je l'appelais « Murvale » alors qu'elle devrait être « Mur-vee-elle ». Même Saint-Nazaire m'a trahie en bafouant l'une des rares règles de grammaire dont je me souvenais de mes années d'école. Je l'appelais « …de Ladaray » (en ignorant le z) mais les locaux l'appellent « …de Lad-ah-rez » depuis plus de 1 000 ans. Il y avait tant à apprendre ~

Il faisait nuit. J'étais fatiguée. C'était tout à fait excusable qu'il ait fallu deux tours du système à sens unique de Murviel pour trouver où se trouvait le magasin ; heureusement, l'enseigne géante illuminée de Spar a aidé. Trouver un endroit pour se garer et sortir n'était pas si évident. Mon meilleur choix était une petite route secondaire juste après le magasin, mais malheureusement, il y avait une demi-douzaine de boulets de canon géants en pierre positionnés pour empêcher ce genre de stationnement improvisé… alors j'ai fait une manœuvre rapide en zigzag et je suis remontée en marche arrière sur la pente raide de la route à sens unique, en évitant les boulets de canon. Les occupants de la voiture de police qui passait n'étaient pas impressionnés, mais c'était sûrement l'heure de leur dîner, alors ils ont passé leur chemin. Mon exclamation embarrassée « Oups, ne faites pas attention à moi ! » est devenue quelque chose que j'ai répété si souvent dans les semaines suivantes que c'est devenu le nom de ma voiture : « Ne faites pas attention à moi ».

Notre joie de rapporter des pizzas, de la bière, du vin et

des assiettes en plastique, etc., s'est estompée à mesure que la soirée avançait et que les gars n'arrivaient toujours pas. Je suis devenue de plus en plus anxieuse, jusqu'à ce qu'enfin, vers 23 heures, on frappe avec assurance à ma porte d'entrée ; ils étaient arrivés ! Ils avaient pris la route panoramique, c'est sûr, passant une journée vraiment amusante à voyager jusqu'à ce qu'ils atteignent les collines (petite chaîne de montagnes ?) au nord de Saint-Nazaire. C'est pourquoi j'avais dit qu'aller plus au sud vers Béziers, puis faire demi-tour, était l'option la plus facile. (« Avez-vous écouté mes indications ? » « Non ») Ils avaient fait avancer ce vieux fourgon maladroit sur des routes sinueuses et étroites, dans l'obscurité, pendant les dernières heures. Leurs yeux étaient rouges et « exorbités » à force de chercher la route. Je ne sais pas qui était le plus soulagé qu'ils soient enfin arrivés ; ils se sont jetés sur les pizzas et la bière dès que je les ai libérés de mes étreintes joyeuses.

Après cela, nous avons tous dû trouver l'énergie et l'enthousiasme pour décharger l'intégralité du contenu du fourgon, le long du jardin, monter un escalier, et tout transporter dans le salon… afin de pouvoir accéder aux matelas et aux couvertures dont nous avions tous tant besoin ! Heureusement, les radiateurs dans chaque chambre avaient déjà un peu réchauffé les pièces, bien que les épais murs de pierre de la maison mettraient beaucoup plus de temps à se réchauffer. La propriétaire précédente, Madame L, n'avait finalement pas passé son dernier Noël dans la maison avec sa famille ; elle avait déménagé en octobre, et il me faudrait du temps pour apprendre comment accumuler et retenir la chaleur dans ces vieilles maisons. Heureusement, cette nuit-là, nous étions tous complètement épuisés et avons très bien dormi. Même Fred et Barney se sont blottis dans un placard et ne se sont réveillés qu'au matin. Notre nouvelle vie commençait !

Je commençais à remarquer que le sud de la France avait une plus grande variété de climats que prévu. Bien que je sois assez réaliste pour savoir qu'il n'y aurait pas un ensoleillement permanent, j'avais plutôt apprécié l'affirmation de Montpellier selon laquelle il y avait « plus de 300 jours d'ensoleillement par an ». Cependant, ils n'avaient pas précisé les températures, et ils n'avaient pas non plus dit « des journées entières ». Dans les mois à venir, j'apprendrais à quel point il peut faire froid en hiver ; à quelle vitesse les averses de pluie peuvent survenir et disparaître ; et à quel point quarante degrés en journée sont chauds quand la température ne descend qu'à trente degrés la nuit. Mes nouveaux voisins étaient bien plus en phase avec les fluctuations des saisons, et il y avait un article réconfortant dans le journal local cette année-là sur la façon dont tous les propriétaires de vignobles locaux s'étaient regroupés pour soutenir l'un d'entre eux dont les vignes délicatement fleuries avaient été décimées par des grêlons géants au printemps. Chaque domaine avait offert à ce malheureux un petit pourcentage de sa récolte de raisins, afin qu'il puisse produire une quantité décente de vin cette année – pour le maintenir en activité jusqu'à ce que ses vignes se rétablissent l'année suivante. Le vœu français de « fraternité » est bien réel.

Chapitre Huit

Les premiers jours

Mon amie Sue, qui était une collègue de travail à temps partiel en Angleterre mais qui vit près des Pyrénées et dirige une pension pour chiens en France avec son mari trois semaines par mois, m'a donné un excellent conseil pour apprendre à connaître mes nouveaux voisins. « Entre simplement dans la boulangerie – tout le monde y sera le matin – et dis "Bonjour, je m'appelle Sara" et ils te feront un grand accueil et commenceront tous à discuter… tu pourras construire à partir de là ». C'est comme ça que ça avait marché pour elle dans son village.

Alors que je marchais vers la boulangerie, une grande dame mince et digne, aux cheveux auburn courts et aux yeux pétillants, m'a saluée avec un sourire chaleureux et quelques mots amicaux. Je n'ai pas pu traduire ce qu'elle a dit, mais j'ai senti l'accueil généreux de son esprit et j'ai été réconfortée. Chaque rencontre était significative et importante dans ce nouveau pays étrange.

Mon amie Sue n'avait jamais rencontré BiBi, la sœur du boulanger à St Nazaire, où la boulangerie est si petite qu'elle semble bondée si plus de deux personnes y entrent en même temps. Il est possible d'avoir un bref échange amical avec cette dame… mais seulement une fois que vous êtes bien installé dans le village et que vous avez prouvé votre valeur. Certainement pas le premier jour. Mon grand sourire et mon hésitant « Bonjour, je m'appelle Sara » ont été accueillis par un visage impassible et un « vous désirez quoi ? » – avec un fort accent local qui a totalement dérouté mes oreilles de novice. Après un « pardon ? » et quelques répétitions, j'ai réalisé qu'elle n'était pas du tout intéressée à apprendre mon nom, juste « ce que je voulais ». Alors j'ai demandé cinq croissants. « Non ». Il n'y avait pas de croissants. Voyant deux baguettes traditionnelles françaises appuyées contre le mur du fond, j'ai pointé du doigt et réussi à demander « Deux (2) s'il vous plaît » puis j'ai tendu une poignée pathétique de petite monnaie pour qu'elle prenne elle-même le montant exact. C'était trop compliqué de saisir les nombres qu'elle m'a lancés, avec son fort accent régional, et j'étais trop troublée pour me concentrer sur les valeurs gravées sur chaque pièce inconnue, soudainement minuscules sous mes yeux.

Ce n'est qu'après quelques mois de vie dans le village, et en remarquant qu'un autre client avait en fait pris des croissants qui avaient été mis sous le comptoir pour lui, que j'ai osé demander au boulanger gentil et souriant, Pierrot, s'il pouvait en garder un pour moi pour le lendemain ? C'était comme ça que le système fonctionnait ! Cela avait parfaitement du sens qu'il ne prenne pas le risque d'avoir un stock excédentaire, avec une si petite clientèle. La première fois que j'ai récupéré mon croissant réservé à l'avance, j'ai eu une telle sensation de satisfaction, je devais ressembler à l'enfant de la pub pour la bouillie à la télé en rentrant chez moi pour le déguster !

Le premier jour n'a pas apporté une telle chaleur, mais au moins j'avais du pain. Avec un élan de bravoure, et parce que la porte était entrouverte, je suis entrée rapidement à la Mairie (hôtel de ville) pour voir si je pouvais recueillir des informations utiles sur le village. Je ne sais pas à quoi je m'attendais ; il y avait une énorme carte illustrée du village peinte sur le mur à l'extérieur de la Mairie, donc il n'y avait pas besoin d'une version papier. Le village n'était pas terriblement compliqué, bien qu'il m'ait fallu la première année pour être sûre de trouver mon chemin à travers toutes les petites rues sinueuses.

Non découragée par mon début chancelant à la boulangerie, j'ai annoncé « Bonjour, je m'appelle Sara » à la secrétaire du maire. « Oui, bonjour » était une réponse plus prometteuse… mais ensuite j'ai dû chercher des mots pour avancer. J'ai réussi à faire comprendre que j'avais acheté la maison de Madame L – ce qu'elle savait déjà – et j'ai essayé de demander s'il y avait quelque chose que je devais faire (signer le registre du village, peut-être ? « Non ») ou que je devais savoir ? Oui – des informations très importantes… La poubelle verte est pour les ordures ménagères qui doivent être contenues dans des sacs noirs, et la poubelle jaune est pour certains articles de recyclage, qui ne doivent pas être mis dans des sacs. Voyant que je peinais à suivre, la secrétaire a gentiment écrit les dates de collecte hebdomadaire sur un post-it, m'a donné deux rouleaux de sacs noirs gratuitement (c'est pour ça qu'on payait nos impôts) et m'a renvoyée sur mon chemin.

Cela peut sembler ridicule, mais j'étais épuisée par cet échange linguistique, bien que très fière de rentrer à la maison avec mon butin et mes informations. Les autres étaient suffisamment impressionnés ; ou du moins ils l'ont dit, alors que nous buvions du café et mangions du pain frais sur la terrasse, qui était obligeamment à nouveau magnifiquement ensoleillée !

Hannah devait rentrer rapidement en Angleterre, donc nous n'avions que la matinée ensemble. Elle tenait à aider à déballer, mais je voulais qu'elle voie au moins un petit coin de la campagne environnante. Je lui ai demandé de conduire jusqu'à la ville voisine de Roquebrun et de vérifier les horaires de leur restaurant local pour voir si nous pourrions y dîner plus tard. Je me souvenais de cette route magnifique et des vues impressionnantes sur la ville pittoresque lorsque Charles m'y avait emmenée, alors j'étais ravie quand elle est revenue avec un grand sourire, les dates et horaires du restaurant, et un enthousiasme débordant pour tout ce qu'elle avait vu. Elle avait hâte de revenir bientôt et de séjourner dans la maison avec son mari, pour lui montrer à son tour cet endroit magnifique. C'était agréable à entendre. Au fait, il y a une anecdote amusante sur quelqu'un qui a accidentellement acheté une agence immobilière dans la ville de Roquebrun, croyant qu'il s'agissait de Roquebrune, une station balnéaire glamour sur la Côte d'Azur ! Apparemment, il a réussi à faire prospérer son entreprise au cœur de la région de l'Hérault, bien qu'il prétende que la position de Roquebrun, traversée par la rivière Orb, se trouve « sur les rives de la Riviera ».

Après avoir laissé les garçons bien enfermés dans la chambre à l'étage, pour être sûre qu'ils ne tenteraient pas de s'échapper et de faire un « Voyage extraordinaire » jusqu'en Angleterre (777 miles, par l'itinéraire que nous avions emprunté), nous nous sommes tous entassés dans « Don't Mind Me » et avons roulé jusqu'à Montpellier. Je pense que Jeb a été un peu déçu de réaliser la distance entre mon village dans les collines et cette jeune ville dynamique. Il avait repéré quelques boîtes de nuit et bars, pensant que la population étudiante pourrait être amusante pour danser toute la nuit. Je suis sûre que ce serait le cas, mais sans moyen de transport personnel, le voyage nécessiterait un trajet en train d'une heure et un bus local pour revenir dans les collines. Les bus ne circulent entre St Nazaire et Béziers que quelques fois par jour, et pas la nuit. Ce serait un défi bien trop grand pour un garçon de Brighton habitué à marcher partout.

Après un tendre au revoir (avec des larmes de ma part) à l'aéroport, Hannah est rentrée chez elle et Julius nous a conduits au centre de Montpellier. Lui, comme Hannah, était un conducteur plus posé dans les moments émotionnels, mais je me suis assise à l'avant avec lui pour montrer ma connaissance de la ville. En évitant avec succès quelques trams, et en négociant rapidement une boucle artistique lorsque j'ai repéré au dernier moment la zone que je cherchais, nous avons joyeusement garé la voiture et déambulé ensemble dans le cœur du vieux Montpellier. C'était en début de soirée, frais mais heureusement sans pluie ; nous avons eu l'occasion de capter l'ambiance de la place centrale et d'admirer à nouveau les rues pavées de marbre et les bâtiments français décoratifs. J'adore Montpellier. Tout y est grand (les maisons, les rues, les vues panoramiques, etc.) et l'atmosphère est légère et animée. La ville abrite une université médicale moderne et prestigieuse qui fusionne avec des académies séculaires dotées de grands escaliers et de laboratoires remplis de spécimens torsadés et préservés. J'avais réussi à m'y faufiler et à jeter un coup d'œil rapide lors d'une visite précédente, jusqu'à ce que mon attitude de « touriste » trahisse le fait que je ne serais pas un Grand Espoir Médical pour l'Humanité de la prochaine génération. Les étudiants là-bas ont tout mon respect ; comment diable arrivent-ils à se concentrer entourés d'une telle grandeur et d'un tel passé ?

Nous avons profité d'un repas détendu dans un restaurant situé sur une place ombragée, avec une statue typiquement élégante d'un ancêtre français, Jean Jaurés. Tout dans cette région semblait correspondre à l'image que l'on se fait de la France ; elle ne me décevait pas du tout. Retrouver notre chemin dans l'obscurité a été « un jeu d'enfant » après le voyage de la veille, et nous avons été accueillis par une immense cascade de guirlandes lumineuses qui recouvraient encore la façade de l'église. Contrairement à l'Angleterre, les décorations de Noël ne sont pas retirées à l'Épiphanie en France. Les garçons devenaient un peu plus courageux après une journée paisible passée ensemble à la maison, mais pour une raison inconnue, Barney était terrifié par la barbe de Sam. C'était vraiment dommage car Sam est un gars doux et amoureux des chats… mais mon chat peureux n'en voulait rien savoir !

Le lendemain, nous sommes partis pour Roquebrun, et chacun a choisi au moins une pierre inhabituelle sur la petite plage près du pont. J'ai adoré les galets arrondis contenant des morceaux de mica, qui scintillaient comme de l'or au soleil.

« De l'or des fous » – mais ces pierres étaient précieuses pour moi. Leur éclat évoquait la promesse de richesses naturelles qui nous entouraient et constituaient un nouveau trésor dans ma nouvelle vie. Sam aimait aussi celles qui brillaient ; Jeb et Julius ont choisi des pierres complètement plates et grises avec des veines blanches intéressantes. Dans une autre vie, j'aimerais étudier la géologie pour comprendre comment une sélection aussi diverse de pierres peut se trouver au même endroit... mais pour l'instant, je peux simplement m'émerveiller et admirer. Il faudrait encore un peu de temps avant que je m'aventure plus loin en amont de la rivière pour découvrir la magnifique Gorge d'Héric, une des sources de la rivière Orb, et les origines des galets scintillants de la plage de Roquebrun.

Les aventures sur la rivière Orb étaient nombreuses, surtout en plein été. La première fois que mon frère est venu nous rendre visite, nous avons utilisé l'argent que maman nous avait offert pour louer des kayaks pour la journée. Son intention était que nous allions manger au restaurant ; nous avons préféré préparer des sandwichs et du café et profiter d'un nouveau défi ensemble. Nous avions voyagé trois mois en Inde dix ans auparavant et avions entrepris des excursions à dos de chameau dans le désert, des voyages en train de nuit et du rafting en eaux vives sur le Gange. Comment la rivière Orb se comparerait-elle ?

Pour des raisons évidentes, il n'y avait ni chameaux ni trains, mais les défis en eaux vives étaient – pour moi – plus exigeants et mouvementés que tout ce que nous avions vécu sur le Gange ! Pour être honnête, le fleuve géant de l'Inde était à la fois calme et peu profond lorsque nous y étions ; l'Orb, quant à elle, profitait de récentes pluies hors saison et coulait à vive allure ! Notre instructeur français, qui a parlé pendant dix minutes en français à la majorité de ses clients, nous a donné des instructions simples et peut-être légèrement malavisées. « Voici votre casque de sécurité si vous voulez le porter. La plupart des clients ne le font pas » et « dirigez-vous là où l'eau est blanche ». Peut-être que ses compétences linguistiques avaient mélangé les mots « vers » et « évitez » ? Ou peut-être savait-il que nous apporterions un grand divertissement aux nombreuses familles françaises déjeunant à des endroits pratiques le long de la rive ?

Martin et moi avions choisi de parcourir l'intégralité des 15 km entre Tarassac et Roquebrun pour profiter au maximum de notre temps sur la rivière ; en admirant dans les moindres détails et « à notre rythme » toutes les magnifiques falaises couvertes d'arbres, les petites plages de sable et les formations rocheuses intéressantes. Nous avons été déposés en amont vers 11 heures et devions simplement être de retour avant 18 heures, avant la fermeture pour la soirée. Il y avait très peu de « rythme » dans notre voyage. Le point de départ était une clairière verdoyante et charmante, avec seulement quelques arbres trempant leurs branches délicates dans la rivière. Mais dès que nous avons commencé à pagayer, j'ai dû demander : « C'est quoi ce bruit

? » De l'eau qui coule rapidement sur les rochers ; voilà ce que c'était !

Notre journée a été un mélange d'exaltation, d'émerveillement et de peur occasionnelle. La majorité des rapides n'allaient jamais mettre notre vie en danger, mais avec mes compétences minimales, je les ai traversés en avant, en latéral et en arrière. Mes efforts avec la pagaie semblaient presque totalement inutiles ; la rivière faisait ce qu'elle voulait, et mon kayak allait où bon lui semblait. Très souvent, c'était sous les buissons denses bordant la rive. Mon frère avait un peu plus de contrôle, mais cela ne l'a pas empêché d'être catapulté hors de son kayak lorsqu'il a heurté un rocher submergé dans un méandre de la rivière. Heureusement, quelques garçons d'une famille française déjeunant à proximité ont plongé pour retenir son kayak et même récupérer son chapeau flottant. Mes efforts hystériques pour l'aider ont failli le faire tomber à nouveau, alors que mon kayak rebondissait sur le sien... À leur crédit, les Français ont réussi à donner l'impression qu'ils riaient avec nous, et non pas de nous ! Nous avons passé un moment merveilleux, et les mini mésaventures ajoutent de la couleur à mes souvenirs aujourd'hui. À la fin de la journée, mon frère a dû me sortir de mon kayak ; mes bras étaient si fatigués d'avoir manié cette pagaie. Nous avions tous les deux un teint sain et des marques de bronzage souriantes à force d'avoir tant ri. Merci maman !

Ce jour-là, en janvier, mes amis super-héros ont dévalé les berges pour charger la voiture avec d'énormes morceaux de bois flotté et des branches d'arbres tombées quelques mois plus tôt, lorsque la rivière était en pleine crue après de fortes pluies et tempêtes. C'était incroyable de voir le bois tombé, empilé sur au moins trois mètres de haut, près du pont et tout le long des berges. Les inondations exceptionnelles de l'automne avaient en fait coûté la vie à quelques personnes, prises au piège et emportées, et quelques entreprises en bord de rive dans la ville thermale de Lamalou-les-Bains avaient été totalement dévastées.

La rivière Orb prend sa source dans le Massif Central et ses eaux cascadent à travers les contreforts des montagnes de l'Espinouse et du Caroux ; les cours d'eau plus étroits se gonflent en une étendue impressionnante lorsqu'ils passent sous les ponts de Béziers, dont l'un abrite l'aqueduc du Canal du Midi, avant de se jeter finalement dans la mer Méditerranée. L'Orb est une immense et belle rivière, longue de 140 km, mais elle est inconnue en dehors de la France. J'allais découvrir beaucoup d'autres secrets bien gardés en explorant la région. Pas étonnant que tant de ces petites villes aient attiré des gens de toute l'Europe (et au-delà) pour y passer des vacances, acheter des résidences secondaires ou s'y installer. Roquebrun, digne d'une carte postale, est un havre touristique en été, avec sa plage en pente douce offrant une zone de baignade sûre pour les jeunes enfants, tandis que ces rapides en constante évolution un peu plus en amont donnent une forme et un caractère supplémentaires aux spots de baignade secrets disséminés le long de ses berges.

Après nos quelques heures revigorantes dans l'air frais de janvier, Sam nous a préparé un repas réconfortant et savoureux ce soir-là ; Jeb s'est occupé des options son et vidéo ; et Julius et moi avons réglé les problèmes du monde tout en veillant sur le feu… grâce au bois flotté récemment récolté, allumé avec un fagot de petit bois sec stocké dans la cave. Nourriture, vin rouge et bonne compagnie au coin du feu. Ma nouvelle maison ne semblait plus si intimidante, même si la petite pile de possessions dans l'immense salon paraissait un peu pathétique. Nous avions rassemblé les quatre chaises en bois et ma table précieuse ; ce n'était pas un luxe paresseux, mais au moins nous n'étions pas assis par terre !

Le lendemain, j'étais dévastée de devoir dire au revoir à Julius et Sam ; j'avais vraiment espéré qu'ils resteraient encore quelques jours, mais des événements pressants les rappelaient au Royaume-Uni, et ils devaient aussi rendre le camion de location à temps. Ils m'ont raconté qu'ils avaient passé un agréable voyage en direction du nord, profitant du paysage et d'une conduite tranquille, de jour, sur ces routes de montagne sinueuses. À part avoir trouvé un canard mort accidentellement empalé sur la grille du radiateur avant à leur arrivée au terminal du ferry – particulièrement bouleversant pour deux végétariens –, leur retour s'est déroulé sans encombre. Avec la promesse de revenir me rendre visite avant trop longtemps, pour voir comment je m'installais, ils m'ont laissée, ainsi que Jeb, pour continuer à faire les prochains pas dans ma nouvelle ville.

Heureusement, un grand et sympathique Suédois nommé Magnus s'était présenté comme mon voisin plus tôt dans la journée. Lui et sa femme Outi, originaire de Finlande, tenaient un Bed & Breakfast – avec restaurant et bar privé – au coin de la rue suivante. Avec leur entrée située à environ trente pas de ma porte d'entrée, nous allions devenir de grands amis. Apparemment, il y avait une fête spéciale à la salle des fêtes du village ce soir-là, tout le monde y serait ; Magnus a dit que ce serait une excellente occasion pour moi de rencontrer des gens. Avec l'encouragement et l'enthousiasme de Jeb pour une fête, nous avons emprunté le chemin menant à la salle des fêtes, à moins de cinq minutes de ma porte d'entrée, juste après le petit sentier et le pont étroit à l'extérieur des portes au fond de mon jardin. J'avais déjà le sentiment que ma nouvelle maison était très bien située, dans ce village de seulement 350 habitants… maintenant 351 ☺.

Il y avait effectivement une joyeuse bande de villageois dans la Salle des Fêtes (salle des fêtes) bien éclairée ce soir-là. C'était l'heure du discours du Nouvel An du maire, avec des amuse-gueules et des boissons gratuits pour assurer une ambiance de convivialité. Je ne pense pas avoir jamais entendu autant de bavardages en français dans une seule pièce auparavant, et j'étais extrêmement reconnaissante de la présence d'Outi et Magnus. Jeb n'était pas du tout déconcerté – il acceptait de ne rien comprendre – mais je m'inquiétais de savoir comment je pourrais bien me connecter avec qui que ce soit. À ce moment-là, un charmant monsieur aux cheveux blancs et portant des lunettes est apparu devant moi – littéralement ; il débordait d'énergie vibrante. « Bonjour, je m'appelle Joseph », a-t-il proposé, puis il m'a serré la main avec enthousiasme, tout en souriant. Il est ensuite passé à un anglais parfait – avec un fort accent néerlandais – et a dit : « Bonjour, je suis Joseph ; Joseph le Fou, en fait... enfin, je pense que c'est comme ça que les villageois m'appellent ! » Son bonheur était contagieux, et il n'était pas fou – juste intelligent, enthousiaste, et infiniment gentil et généreux avec son temps et son esprit.

Sa femme, tout aussi charmante et délicieuse, Adrienne, est venue nous saluer également. Elle n'est pas aussi énergique que Joseph, et deux fois plus chaleureuse et gentille, si c'est possible ! Elle a réussi à dire « ne t'inquiète pas, tout ira bien » sans utiliser ces mots exacts, et je me suis sentie plus en sécurité et plus calme en sa présence. Ils nous ont raconté comment ils étaient arrivés au village et avaient ensuite choisi un terrain dans les collines, où Joseph avait travaillé à construire une maison en pierre de plain-pied pour eux. L'ayant baptisée « Mon Rêve », ils avaient élevé des chèvres et des poules, cultivé des vignes pour faire du vin, et vécu de manière aussi autonome que possible. En collectant l'eau de pluie et en utilisant un générateur pour l'électricité, ils adoraient leur vie et la vue depuis leur point de vue. J'étais ravie d'être invitée là-bas au moment des vendanges, avec quelques autres, pour aider à cueillir les raisins et profiter d'un délicieux déjeuner de ragoût de sanglier, assis autour d'une vieille table sur la terrasse extérieure avec cette vue à couper le souffle ! Ils restaient dans leur autre maison pour la nuit après les festivités ; appelée « Bijou » – un petit joyau parfaitement formé dans une courte rangée de maisons villageoises rustiques d'origine. Nous pouvions nous faire signe à travers l'étendue de mon jardin ; vraiment deux de mes plus proches voisins, dans tous les sens du terme !

Adrienne et Joseph nous ont présenté un autre couple qui allait également devenir de grands amis : Francine et Jeannot. Ces deux-là étaient de grands amis depuis de nombreuses années avec les anciens propriétaires de ma nouvelle maison, M. et Mme L – ils partageaient même les mêmes prénoms –, donc c'était un peu difficile au début pour eux d'accepter une nouvelle venue dans une maison pleine de leurs souvenirs partagés. Mais Mme L leur avait dit qu'elle m'avait donné sa maison avec sa bénédiction, et tout le monde avait accepté que ce soit trop pour elle de la garder lorsque son mari avait malheureusement perdu la vie à cause d'un cancer, donc j'ai été accueillie. En fait, Francine était la belle dame qui m'avait rencontrée ce premier matin en route pour la boulangerie, et son sourire profond et authentique, les yeux pétillants, restera gravé dans mon cœur pour toujours. Son mari, Jeannot, avait aussi des yeux pétillants, mais il était plus extraverti et espiègle que sa femme philosophe ! Il est devenu un ami solide comme un roc pour moi, surtout au début, bien que je n'aie jamais réussi à lui faire raconter l'histoire de son doigt tordu sur une main. Un menuisier talentueux (artisan du bois), responsable de plusieurs pièces dans ma maison, notamment la magnifique porte d'entrée, il était désormais à la retraite et heureux de suivre un rythme de vie plus détendu. J'étais si contente quand j'ai commencé à comprendre ses blagues et ses taquineries douces ; pour moi, être « dans le coup » d'une blague dans une langue étrangère était un sentiment gratifiant d'intégration après tout le travail pour maîtriser les phrases de base.

Il était bon de pouvoir leur faire savoir à quel point j'avais été touchée que Mme L ait non seulement laissé la maison en parfait état pour moi, à tous égards, mais qu'elle ait également laissé des ampoules de rechange, des luminaires et des tringles à rideaux, ainsi que d'autres articles ménagers utiles. Je savais qu'elle possédait une autre maison et n'avait pas besoin de ces choses, mais même ainsi, c'était très attentionné de sa part de me donner un tel départ. Avec l'aide de Google Traduction, j'ai écrit une courte lettre pour la remercier, car sa générosité faisait que j'avais l'impression de m'installer non pas seulement dans une maison, mais dans un foyer. J'ai promis que si jamais je déménageais, j'essaierais de me souvenir de faire la même chose. Ce sont les petits détails qui adoucissent les aspérités de la vie, n'est-ce pas ?

La gentillesse de ces nouveaux amis, et l'attitude décontractée de Jeb, m'ont aidée à traverser la soirée. Un bon nombre de villageois sont venus me saluer et me souhaiter la bienvenue dans le village, mais mon manque de français rendait quasiment impossible d'aller plus loin dans la conversation. J'étais simplement reconnaissante d'être reconnue. Et ils semblaient tous très heureux d'apprendre que ce ne serait pas ma « maison secondaire » ; je m'y installais à temps plein. Pour les petits villages, si trop de propriétés ne sont occupées qu'aux périodes de pointe de l'année, avec des volets fermés pendant des mois, cela peut signifier que la vie et l'âme du lieu s'en vont. À Saint-Nazaire-de-Ladarez, un certain nombre d'enfants sont nécessaires chaque année pour justifier de garder l'école ouverte ; en fait, ils « partagent » les enfants avec le village voisin de Causses et Veyran. Le bus scolaire assure un service de navette gratuit aller-retour le matin, à midi et en fin de journée pour transférer les enfants – triés par âge – entre les écoles respectives des villages, les réunissant dans notre salle des fêtes pour un déjeuner partagé. C'était l'un des plaisirs de ma nouvelle maison, de m'asseoir sur ma terrasse et d'entendre les joyeux bavardages des enfants qui suivaient la route au bord de mon jardin, marchant du bus à la salle des fêtes.

J'ai été impressionnée par le faste de l'assemblée du Nouvel An ; le maire portait son écharpe rouge, blanche et bleue et a prononcé un discours détaillé (parlant de l'année écoulée et de l'année à venir, Adrienne a traduit). Avant qu'il ne parle, entouré de son équipe, nous nous sommes tous levés et avons chanté La Marseillaise – l'hymne national de la France. Je me suis souvenue de ma mère apprenant fièrement toutes les paroles lorsqu'elle jouait dans une production théâtrale il y a quelques années, et j'ai pensé « si elle peut le faire, moi aussi ». Pour cette soirée, j'ai pu essayer de chanter grâce à Adrienne qui m'a passé une page avec les paroles, mais – à l'avenir – je l'apprendrais. À l'époque, je ne réalisais pas à quel point cela plairait à mes nouveaux voisins du village, en particulier aux personnes âgées. Pour moi, c'était un simple signe de respect, montrant que je souhaitais vraiment m'intégrer dans mon nouveau pays. Et de toute façon, je trouve que l'air est génial, vraiment entraînant, même si les paroles sont plutôt sanguinaires !

Après être restée un bon moment à la salle des fêtes, j'ai pris congé et suis rentrée chez moi pour me blottir avec mes chats. Je me sentais encore fatiguée après le long trajet et les fortes émotions des derniers jours. Je tire mon chapeau à Jeb – « Chapeau ! » – il est reparti avec Magnus et Outi et a continué à faire la fête, à chanter et à jouer de la guitare avec eux pendant encore quelques heures ! Merci, mon pote, d'avoir établi un bon rapport avec ces gars… eux aussi ont beaucoup d'endurance quand il s'agit de s'amuser !

Jeb et moi sommes partis pour une excursion à la plage le lendemain ; pour chasser quelques toiles d'araignée et profiter de l'immense étendue de sable qui s'étendait à perte de vue dans toutes les directions. Par hasard, nous avons choisi Marseillan Plage – à seulement 4 km de Marseillan, où j'habite aujourd'hui. La Plage est une station balnéaire animée en haute saison, mais elle ressemblait à une ville fantôme en janvier. Il fallait peu d'imagination pour imaginer des touffes de tumbleweed roulant le long de la rue principale déserte… Tous les magasins et cafés étaient fermés, avec des volets pour les protéger, et une brise fraîche faisait tourbillonner le sable sur la large promenade moderne. Le mobilier urbain et les décorations fixes semblaient solides et résistants, bien qu'un peu tristes, sous le pâle soleil d'hiver.

Voir Marseillan Plage sous un ciel bleu éclatant, avec une mer de touristes bavards dans leurs tenues estivales vives et multicolores, c'est voir une ville totalement différente. C'est vraiment une destination de résidences secondaires et touristiques, avec quelques parcs de maisons mobiles/caravanes bien entretenus en périphérie pour compléter les villas de vacances basses et de couleur sable qui composent la ville principale. Un emplacement internationalement pratique, à proximité de l'aéroport de Béziers, c'est un endroit idéal pour des vacances en famille bien remplies ! OK, ok – je sais que ça ressemble maintenant à un texte de l'office du tourisme ; je dis simplement les choses comme elles sont.

Très vite, il a été temps de dire au revoir à Jeb à l'aéroport de Montpellier ; le dernier membre de mon équipe de lancement en route pour le Royaume-Uni, et moi désormais vraiment en solo. Ayant perdu toute réception sur mon téléphone portable britannique au carrefour à seulement cinq minutes de route de Saint-Nazaire, ma priorité absolue était de rétablir le contact avec le reste du monde. Il y avait un énorme centre commercial – Auchan – sur la route principale qui contourne Béziers sur le chemin du retour de l'aéroport, où se trouvait un magasin Orange. En France, il faut dire « Au-rahnje », pas « Oringe », au fait. Tout est dans la prononciation ; sinon, personne ne vous comprendra. C'est la même chose avec les numéros de téléphone ; si vous ne les exprimez pas dans le bon format, c'est comme si vous parliez grec ! Au début, quand il me manquait sérieusement du vocabulaire, je résistais farouchement à prononcer les mots anglais avec un accent français exagéré et artificiel dans l'espoir de ressembler à l'équivalent français… mais quand les temps sont désespérés et que vous faites de votre mieux, vous pourriez être agréablement surpris de voir à quelle fréquence ça marche. S'il vous plaît, ne le dites pas à mon professeur de français ; elle serait tellement déçue ! Mimer peut aussi être très amusant – mais ne vous laissez pas emporter et ne croyez pas que vous êtes Marcel Marceau !! « Marcher contre le vent » est probablement à réserver à l'intimité de votre maison.

Il y a un dicton qui dit « les choses simples plaisent aux esprits simples ». C'est vrai. Il y a beaucoup de choses simples qui m'apportent des moments de plaisir sans prétention. Comme les rampes inclinées et lentes – avec un revêtement semblable à celui des escalators – pour pousser votre chariot de courses à l'étage supérieur dans les parkings. Elles sont encore plus amusantes en descente, à condition de ne pas trop pencher en avant. J'ai profité d'un moment frivole et libre sur une rampe cet après-midi, avant d'affronter le monde d'Orange Telecom, à la française.

J'ai été encouragée de voir une banderole géante dans la vitrine du magasin, annonçant une offre spéciale pour un forfait combinant téléphone portable, ligne fixe, télévision et internet ; cela semblait déjà être un rêve devenu réalité ! Mais non (« mais non ») … quelle naïveté de ma part. Cette offre était réservée aux personnes changeant de fournisseur. L'offre disponible pour moi, nouvelle venue, était quinze euros par mois plus chère. L'assistante qui avait affirmé faire partie de l'équipe anglophone n'avait pas vraiment assez de mots pour expliquer les tenants et aboutissants des différents forfaits et options. En fait, je ne pense pas qu'il y avait beaucoup de choix – mais j'étais une acheteuse de forfaits inexpérimentée, alors j'ai obstinément essayé quelques scénarios « et si... ? » pour exercer mes muscles d'acheteuse. Accueillie par des regards vides et des haussements d'épaules, j'ai fini par être typiquement britannique, m'excusant et signant docilement sur la ligne pointillée qu'elle avait pointée pendant toute la conversation.

En me concentrant incroyablement fort, j'ai réussi à assimiler les différentes dates auxquelles je pouvais m'attendre à la connexion des différents éléments. La connexion à internet prendrait quelques jours ; ils n'ont rien mentionné concernant la bande passante ou la vitesse... j'allais l'apprendre plus tard. La vendeuse n'a réussi à me faire quitter le magasin qu'en me promettant que mon téléphone portable fonctionnerait très, très bientôt... Je sentais une vague de « solitude » monter à l'horizon, et je faisais de mon mieux pour nager à contre-courant. Choisir un téléphone en particulier avait aussi été un défi embarrassant et enfantin, car tous les téléphones proposés étaient une mise à niveau sérieuse par rapport à mon petit vieux téléphone britannique fidèle et éprouvé. Mais comme il ne fonctionnerait plus jamais, loin du sol anglais, j'ai dû sauter le pas. Fidèle à la parole de la vendeuse, mon nouveau téléphone portable a commencé à fonctionner presque immédiatement, mais il s'éteignait tout seul ou refusait de s'allumer. Il avait l'air élégant, mais il était évident que ça allait me prendre un moment pour vraiment le maîtriser.

Ayant atteint mon objectif de communication pour la

journée, je suis rentrée chez moi retrouver Mes Garçons et j'ai continué à déballer et à faire des listes de tout ce dont j'avais encore besoin.

En quelques jours à peine, Outi – ma nouvelle amie et voisine – m'a dit qu'elle suivait un cours de français à Cessenon-sur-Orb chaque semaine et m'a demandé si je voulais l'accompagner ? C'était mon intention de commencer à apprendre, surtout depuis que j'avais l'impression de ne pouvoir communiquer au-delà de Oui, Non, S'il vous plaît, Merci et Croissant. J'avais appris le français à un niveau moyen à l'école, mais c'était il y a si longtemps ! Un peu comme pour l'achat de la maison, je ne m'attendais pas à me lancer dans les cours aussi rapidement, mais je ne trouvais aucune excuse pour retarder, alors je n'ai pu que dire « Oui, merci, ce serait avec plaisir ».

Ce n'était pas du tout agréable. Le professeur et mes camarades de classe l'étaient, mais le niveau de français était effrayant et très déroutant. Après 1h30, chaque cellule grise de mon cerveau nageait frénétiquement vers la sortie, et c'est tout ce que je pouvais faire pour ne pas pleurer d'épuisement ! Je ne pense pas avoir jamais été aussi dépassée, ni avoir dû me concentrer autant, dans un environnement aussi amical. C'était vraiment un mélange déroutant pour mes sens. Nelly, notre professeur fabuleuse, a dit qu'elle pensait que je pourrais rester dans le groupe. Je n'étais pas du tout d'accord, mais elle a simplement souri avec encouragement en disant que je rattraperais mon retard rapidement. Le meilleur moment a été d'aller prendre un café ensemble avec le groupe après le cours, au Helder – un vrai café français où le propriétaire, Olivier, a vérifié si nous allions pratiquer ce que nous venions d'apprendre.

En Angleterre, mes premières années d'école avaient été plutôt faciles, pour être honnête. J'avais la chance d'être une apprenante assez rapide, donc je n'avais pas besoin de travailler trop dur pour être parmi les meilleurs à l'école primaire. Passer à un lycée plus exigeant pendant mon adolescence, et réaliser que je ne pouvais plus exceller naturellement sans étudier, a été un moment de « coule ou nage » ... Après quelques tentatives timides pour nager, juste pour m'intégrer à mes camarades de classe, j'ai découvert les garçons et les motos et je suis devenue un peu rebelle. Mon école était assez stricte pour m'assurer de repartir avec quelques diplômes, mais j'avais réussi à éviter d'être poussée à mon plein potentiel.

Quand je suis retournée à l'université, de nombreuses années plus tard en tant qu'étudiante adulte en Construction de Bâtiments, j'ai eu une rude prise de conscience sur ce que cela signifiait de vraiment s'appliquer à apprendre. Je voulais vraiment savoir comment les maisons étaient construites, comment les dessiner, et comprendre les aspects pratiques et intéressants... alors j'ai persévéré. Parfois, je me plaignais que les professeurs auraient aussi bien pu parler japonais, tant cela n'avait aucun sens pour moi, mais à la fin du diplôme, j'avais compris. Et me voilà, encore plus âgée et de retour à l'école, essayant d'apprendre une nouvelle langue pour de vrai cette fois. J'ai vite appris que dire « Oui, oui, oui » ou « Non, non, non » me faisait paraître un peu plus fluide que de simplement lancer un monosyllabique « Oui » ou « Non », mais j'allais avoir besoin de plus de mots que cela si je voulais un jour discuter avec mes voisins. Je me suis aventurée un peu plus loin, adoptant « Mais oui ; mais non » quand je n'avais pas d'autres mots pour exprimer une opinion sur un sujet particulier, mais je le faisais rarement car cela pouvait facilement déclencher une réplique compliquée et les choses redevenaient délicates. Écouter et apprendre, plutôt que participer aux conversations, est resté mon mode par défaut pendant très, très longtemps.

J'ai ressenti une certaine fierté quand – après quelques mois – j'ai compris cet échange entre deux dames du village. « Oh regarde, elle s'est fait couper les cheveux » ; « Oh oui, c'est mieux ». Elles ont été surprises quand mon poli « Merci » leur a montré que je commençais enfin à accorder mes oreilles au français du Languedoc, mais il faudrait encore de nombreux mois avant que je puisse en dire beaucoup plus. Si seulement la langue pouvait être absorbée par osmose, plutôt que de devoir réveiller des cellules cérébrales endormies ! Certains gestes de la main et un haussement d'épaules à la française sont plus évocateurs que des bras croisés rigides, mais je n'ai trouvé aucun raccourci pour apprendre et j'ai passé de nombreuses heures à griffonner dans des carnets, espérant qu'au moins quelques nouveaux mots resteraient.

L'une de mes nouvelles camarades de classe colorées dans les cours de Nelly était une dame irlandaise appelée Fiona. Elle était très amicale, super bavarde et vivait avec ses enfants dans le village voisin du nôtre, à Causses et Veyran. Elle faisait aussi partie du groupe Facebook des LILs (Ladies in Languedoc) ; elle et Outi étaient la preuve vivante que cela fonctionnait. Je me sentais très encouragée, et très chanceuse, de commencer à me faire de nouveaux amis si rapidement. Quel soulagement ! Elles étaient toutes les deux bien plus à l'aise avec la technologie moderne aussi, donc après quelques jours à mettre mes problèmes de téléphone sur le compte de ma courbe d'apprentissage, nous avons finalement conclu ensemble que – en fait – le téléphone était défectueux. Il fallait le ramener au magasin, et c'était à moi de le faire.

Voyant que je ne m'étais pas encore remise de ma première expédition shopping pour acheter ce fichu téléphone, Fiona s'est portée volontaire pour m'accompagner, pour le soutien moral et pour aider à traduire un peu si nécessaire. J'étais déjà rassurée d'avoir une femme aussi confiante avec moi ; et encore mieux – elle nous a conduites là-bas ! Je ne sais pas comment elle a fait ; elle semblait avoir une carte routière complète de Béziers dans sa tête. Elle et ses enfants utilisent des points de référence aléatoires et obscurs – qu'ils partageaient volontiers avec moi, mais je n'étais pas plus avancée. « Le rond-point des raisins » – où étaient les raisins ? Oh, ils n'étaient plus là maintenant, mais ils y étaient quand la famille explorait la région pour la première fois ~ Il y a une logique là-dedans, mais elle est irlandaise !

Bref, nous avons ramené mon téléphone au magasin et avons entamé une danse joyeuse avec le faible niveau de service client qui, malheureusement, n'est pas une surprise pour un certain nombre de clients Orange (il semblerait...). Personne n'était disponible pour parler anglais ; l'ingénieur de service au comptoir d'aide pratique était trop occupé pour vérifier mon téléphone ; Non, je ne pouvais pas prendre un autre téléphone dans la pile de nouveaux téléphones en boîte exposés dans le magasin – ils étaient destinés à de nouveaux clients, pas à un client existant embêtant avec un problème. La proposition était que je rentre chez moi, que j'appelle le service client d'Orange, et si, à distance, ils convenaient que mon portable avait un problème (comment allaient-ils le déterminer à distance ?!), ils pourraient me donner un numéro de référence pour que je puisse revenir au magasin Orange et...

C'était tellement agaçant d'écouter toutes ces absurdités. Fiona faisait de son mieux pour m'aider, traduisant et expliquant, mais j'avais l'impression qu'elle était bien trop polie et que nous n'avancions pas ! J'ai découvert quelque chose de nouveau ce jour-là. Quand je suis frustrée de me faire balader, je ne m'inquiète plus de faire des fautes de grammaire en français ; je développe une nouvelle fluidité basée sur « Je me fiche de vous blesser les oreilles en massacrant votre langue maternelle ; je vais continuer jusqu'à ce que vous admettiez que vous comprenez ce que je dis ! ». Et ça a marché ! Je suis restée polie, mais je n'ai pas cédé. On m'a autorisée à appeler le service client à distance depuis le magasin Orange (quelle idée révolutionnaire !) et nous sommes tombés d'accord sur le fait que je pourrais récupérer mon nouveau portable au supermarché SuperU, à seulement vingt minutes de chez moi, pour éviter de devoir revenir jusqu'à Béziers. La partie « supermarché » de la solution était un concept nouveau pour moi, mais apparemment, c'est normal d'avoir des points de dépôt intermédiaires dans ce pays où les villes sont si éloignées les unes des autres.

Chapitre Neuf

Pièce par Pièce

Il y avait tant de choses à organiser dans ma nouvelle vie ; j'avais des listes sur des bouts de papier un peu partout !

La maison était horriblement froide, ayant été inoccupée pendant quelques mois ; ses épais murs de pierre n'absorbaient aucune chaleur du faible soleil des journées de janvier, et le panier à feu dans la cheminée n'était pas une installation efficace. Il y avait des radiateurs électriques dispersés un peu partout, mais même avec tous allumés à fond, leur chaleur semblait simplement disparaître dans l'escalier ouvert, sans pour autant réussir à traverser la porte ouverte de ma chambre. Je gardais les portes des deux autres chambres fermées ; il semblait inutile de chauffer des pièces vides et superflues. Un expert est venu et m'a donné un devis exorbitant pour l'installation d'un poêle à bois avec un conduit de cheminée attaché. Je comprends que certaines tâches exigent des compétences spécifiques, mais après une rapide discussion avec Magnus, nous avons conclu que ce ne serait pas trop compliqué pour lui de s'en occuper pour moi, à un bien meilleur prix. Je devais juste attendre qu'il ait le temps de nous emmener à Béziers chez les fournisseurs de poêles à bois. Il serait bien trop lourd à transporter dans ma voiture, et impossible pour moi de manipuler de quelque manière que ce soit !

En attendant, je me suis dit que la maison semblerait plus chaude si elle avait plus de meubles pour remplir les pièces. Par une merveilleuse coïncidence, les deux paires de rideaux épais et doublés que j'avais apportés du Royaume-Uni s'adaptaient parfaitement aux énormes portes coulissantes en verre du salon et de la cuisine. Merci encore, Mme L, d'avoir laissé les tringles à rideaux. Avec les volets en bois bien fermés, beaucoup de chaleur précieuse était préservée de la disparition nocturne. Beaucoup de choses que j'avais apportées d'Angleterre s'intégraient parfaitement dans cette maison ; comme si elles avaient été faites pour elle. Chaque fois que cela se produisait, que ce soit une photo trouvant sa niche parfaite, ou des rideaux ayant la longueur et la largeur parfaites, je ressentais une lueur réconfortante de « oui, tu as fait le bon choix ». De petites affirmations comme celles-ci comptaient énormément dans ces premiers jours.

Mes idées générales pour meubler la maison étaient floues ; je pensais que j'aimerais des designs légers, spacieux et modernes, alors Outi m'a suggéré de l'accompagner lors d'un voyage à Ikea près de Montpellier. Elle était incrédule quand j'ai laissé échapper que j'étais une « vierge d'Ikea ». Ayant vécu en Suède la majeure partie de sa vie, Ikea était une seconde maison pour elle. Je jure qu'elle connaissait tous les produits, et je suis prête à parier qu'elle pouvait utiliser leur service de conception de cuisine et de salle de bains les yeux fermés ! Tout le processus de recherche et d'achat était un mystère pour moi ; heureusement qu'Outi était là pour me guider à travers tout cela. La seule partie qui me semblait confortable était de pouvoir utiliser ces petits crayons trapus pour écrire les codes des articles que je voulais acheter sur les formulaires pré-imprimés. D'une certaine manière, cela donnait l'illusion d'avoir le contrôle sur les choix que je faisais ; et j'aimais bien les petits mètres rubans en papier qu'Ikea fournit avec tant de prévenance.

Après quelques heures étourdissantes, et malheureusement sans temps pour goûter les légendaires boulettes de viande, nous sommes sortis d'Ikea avec une cuisine entière commandée pour le client d'Outi, quelques idées et prix griffonnés sur du papier pour moi, des paquets de serviettes pour le restaurant d'Outi, et quelques bougies chauffe-plat. Malgré les encouragements d'Outi, je me sentais incapable de prendre des décisions définitives pour les lits, canapés, etc… sauf pour un achat de dernière minute dans la zone Market d'une chaise de jardin en plastique rouge funky. J'ai été tentée d'acheter les bleues et jaunes aussi, mais il n'y avait pas de place dans la voiture d'Outi. Tant mieux ; personne n'aimait cette chaise rouge à part moi.

Sur le chemin du retour, Outi m'a montré le grand entrepôt d'Emmaus. Ce fut une autre surprise ! Nous avions un Emmaus à Portslade, à la périphérie de Brighton, et j'avais toujours cru que c'était une initiative philanthropique unique lancée par un prêtre de Brighton. Maintenant, j'allais apprendre que c'était une entreprise de solidarité commencée juste après la Seconde Guerre mondiale par un prêtre français, l'abbé Pierre. En 1949, il voulait aider un homme suicidaire nommé Georges, alors il lui a offert un endroit où rester et une chance de trouver un sens à sa vie en travaillant avec le prêtre.

Apparemment, l'abbé Pierre a dit à Georges : « Je ne peux pas t'aider, je n'ai rien à te donner. Mais toi, tu peux m'aider à aider les autres. » Leur travail et la Communauté ont vraiment décollé en 1954, en réponse au traitement inhumain des sans-abri dormant à la rue dans les rues de Paris. Un hiver, la police a reçu l'ordre d'asperger ces malheureux d'eau froide à la tombée de la nuit, pour les dissuader de dormir à l'extérieur près des monuments attractifs de la ville. Sans alternative, certains de ces sans-abris ont été retrouvés le lendemain, littéralement gelés sur les trottoirs ; morts. L'abbé Pierre, le prêtre qui avait été membre de la Résistance pendant la guerre, était un homme prêt à défendre ses convictions et à agir en conséquence. Il a lancé un appel à la radio pour des dons d'argent, de nourriture, de meubles… et la réponse des citoyens français a été massive. Cela lui a permis d'ouvrir la première communauté Emmaus à Paris, offrant un logement et un travail significatif à un certain nombre de sans-abri, afin qu'ils puissent raviver leur espoir d'un avenir meilleur. Sa solution s'inspirait de l'adage : « Donne un poisson à un homme, il mangera un jour ; apprends-lui à pêcher, il mangera toute sa vie ». Les Compagnons (comme on les appelle) réparaient et remettaient en état les objets donnés, puis les revendaient à un prix raisonnable. Aujourd'hui, il existe 115 communautés Emmaus en France, accueillant près de 4 000 Compagnons ; au total, environ 400 foyers Emmaus sont en activité dans 44 pays à travers le monde. Ils n'ont aucune affiliation politique ou religieuse, et leur devise est : *Servez ceux qui sont plus démunis que vous avant vous-même. Servez les plus nécessiteux en premier.*

Emmaus allait être mon sauveur en matière de décoration intérieure ! Il y avait tellement de choix. Tant de goûts et de styles différents, et tous vraiment abordables. Après la « nouveauté » immaculée d'Ikea, voici des meubles qui avaient déjà orné la maison de quelqu'un d'autre ; cela semblait chaleureux. Je suis d'accord, tout n'était pas en parfait état, et beaucoup de choses que vous ne voudriez vraiment pas ramener chez vous, mais cela m'a rappelé un autre paradis des acheteurs qui est une véritable institution à Brighton – Snooper's Paradise – qui fonctionne sur le principe que si vous êtes prêt à creuser un peu, vous pourriez trouver un trésor.

Surmontant ma timidité initiale, j'ai découvert que j'aimais discuter avec les Compagnons et négocier des prix équitables pour chaque objet qui attirait mon regard. D'abord un canapé, puis quelques fauteuils, ensuite un autre canapé, quelques petites tables d'appoint, une vitrine et enfin un fauteuil surdimensionné qui avait connu des jours meilleurs mais qui avait encore de la vie. Tout était grand, lourd et super confortable ! C'était aussi bien, bien trop pour tenir dans ma voiture ou celle d'Outi ; même si nous avions pu le soulever. Heureusement, ils proposaient un service de livraison si vous achetiez suffisamment ; c'était certainement mon cas. Incroyablement, ils étaient prêts à livrer tous ces meubles sur les 40 km jusqu'à St Nazaire pour la modique somme de 26 euros !

Comme si cela ne suffisait pas, je suis retournée à Emmaus quelques jours plus tard pour ajouter à mes achats ! Fiona voulait y aller aussi, car elle possédait une grande maison de ville à Causses et Veyran qui avait besoin de plus de meubles. Ensemble, nous avons encore fouillé, et bien que Fiona n'ait pas trouvé grand-chose ce jour-là, j'ai ajouté deux lits à la liste de livraison, ainsi qu'une autre petite vitrine à portes vitrées. En discutant avec les gars qui travaillaient là-bas, j'ai été prudente pour ne pas laisser entendre que je vivais seule dans ma maison. Ils semblaient être des gens bien, mais des années d'autonomie m'avaient appris à me protéger en toutes circonstances. J'étais nouvelle dans cette vie française, dans ma grande maison au cœur de la campagne, donc je ne voulais pas de visiteurs inattendus. Mes compétences en français étaient suffisamment limitées pour me permettre d'être vague sur « mon copain » (littéralement traduit par partenaire de pain). Je voulais donner l'impression qu'il y avait un homme dans ma vie ; il n'était juste pas là pour faire les courses avec moi ! Toute mon intrigue, cependant, a été réduite à néant lorsque Fiona a proposé de négocier un « bon prix » pour moi pour un tabouret pivotant blanc qui venait de me plaire. Je pensais m'en être plutôt bien sortie, en négociant équitablement avec les gars, mais elle m'a dit de reculer et de la laisser faire une très bonne affaire…

Je ne peux pas vous dire à quel point j'étais énervée et gênée lorsqu'elle s'est mise à battre des cils, à faire une petite danse et à demander à mon nouvel ami dans le magasin de « me faire une faveur spéciale, car j'étais nouvelle en France, toute seule, et je serais si reconnaissante pour un petit cadeau ». « Quoi ?! » Heureusement, ce gars avait déjà une image plus claire de moi ; je ne demandais pas un cadeau gratuit ! Nous avons convenu d'un bon prix, chargé la chaise dans ma voiture – et j'ai demandé à Fiona de ne plus jamais « négocier » comme ça pour moi ! Elle était sincèrement confuse. Elle pensait juste être amicale et s'amuser. Il s'avère que Fiona flirte avec à peu près tout le monde et tout sans même s'en rendre compte ; je vous jure, elle flirte avec la théière en se servant une tasse de thé. Et elle boit beaucoup de thé !

Il pourrait être utile de savoir comment fonctionne la procédure de paiement chez Emmaus, aussi. Les Compagnons prennent la responsabilité de leur zone spécifique du magasin, et vous négociez les prix avec chaque individu au fur et à mesure que vous avancez. Lorsqu'un prix est convenu, ils l'inscrivent sur un ticket et mettent les articles de côté pour vous. Lorsque vous avez accumulé des tickets pour toutes vos négociations, vous les apportez à la caisse et payez le montant total dû. Elle tamponne alors les tickets comme payés, et vous retournez voir les vendeurs individuels pour réclamer vos achats. Cela s'explique par le fait que les Compagnons sont en train de remonter leur propre échelle personnelle, et peut-être ne sont-ils pas encore capables de gérer de l'argent ou de l'utiliser à bon escient... pas encore. C'est une façon de construire leur autonomie et leur estime de soi, sans mettre trop de tentations sur leur chemin trop tôt. N'oubliez pas, lorsque vous négociez ces quelques euros de réduction de prix, que la raison d'être principale d'Emmaus est de donner une seconde chance à quelqu'un qui est tombé. Le fait que nous bénéficions de la possibilité d'acheter des objets de qualité à bas prix n'est pas la chose la plus importante.

Après avoir acheté suffisamment de meubles pour remplir entièrement leur camion de livraison, j'ai attendu avec impatience le mardi suivant. Ai-je déjà mentionné ? Il y a de nombreuses années, mon partenaire de l'époque et moi avions l'habitude de prévoir une soirée tranquille le mardi parce que « il ne se passe jamais rien le mardi ». Depuis ce jour, si quelque chose de marquant ou d'inhabituel devait se produire, cela arrivait TOUJOURS un mardi. Gardez les yeux ouverts. Maintenant que je l'ai mentionné, voyez à quel point cela se réalise souvent dans votre vie aussi ~

Non seulement les charmants gars ont livré tous les meubles à ma porte – ce qui impliquait de les transporter dans la petite rue car leur camion ne pouvait pas passer entre les murs de pierre – mais ils ont également porté chaque pièce dans la pièce désignée. Principalement le salon, mais les lits sont montés à l'étage (bien sûr) ainsi que ce fauteuil surdimensionné, moelleux et confortable. Ils ont souri et ont dit que tout était inclus dans le prix ; mais je leur ai offert une bière fraîche en guise de remerciement. Un gars a dit qu'il garderait la sienne pour plus tard ; puis j'ai compris ! Certains membres du programme Emmaus ont eu des problèmes de drogue et d'alcool dans leur passé, donc ils s'abstiennent de toute habitude qui pourrait compromettre leur chance de prendre une place plus stable dans la société. Oups ! Je ne pense pas que mon erreur l'ait fait dérailler, mais je me suis sentie bête de ne pas être plus attentive

; j'étais juste si reconnaissante de posséder soudainement une maison pleine de meubles !

Maintenant, je devais persuader Magnus de trouver le temps de monter au moins un des lits. Ma collègue/amie dentiste Sue venait de sa maison dans les Pyrénées pour faire une mini-croisière sur la Méditerranée (quel style !) et je les avais invités, elle et son mari Gerry, à passer la nuit. C'était vraiment gentil de leur part de faire un détour dans les collines pour vérifier que je m'installais bien dans ma nouvelle vie. Nous avons passé une soirée très amusante ; ils ont apporté du champagne pour célébrer mon déménagement, et nous avons beaucoup ri et mangé un délicieux repas au restaurant d'Outi. C'était ma première véritable socialisation « à la maison » ; ma première visite d'amis… et c'était génial !

Un autre voyage à Ikea a apporté une pile de boîtes contenant un joli lit à cadre métallique pour la troisième chambre ; la vie prenait vraiment forme. Mais malgré toutes ces nouvelles expériences et ces sorties shopping, je suis tombée sur une période sombre. J'ai toujours su que la thérapie par le shopping était une illusion fragile ! Heureusement, je me suis souvenue d'une expérience similaire il y a toutes ces années lorsque je voyageais seule en Australie. Je me sentais si nostalgique et seule ; je manquais vraiment de la compagnie et de la connexion avec mes amis les plus chers et les plus anciens. Cela semblait ingrat, car j'avais été accueillie avec tant de gentillesse et d'amabilité, mais il semblerait que j'ai un seuil de six semaines lorsque je suis plongée dans de grands changements de vie. Les premières semaines sont toutes nouvelles et excitantes, mais ensuite – à la sixième semaine – tout semble un peu trop réel et trop grand à gérer.

J'ai parlé à ma plus ancienne amie, Amanda, qui me connaît depuis nos premiers jours à l'école, à l'âge de cinq ans. Non seulement elle est très gentille, mais elle est aussi très pragmatique et pratique. Elle m'a rassurée en disant que la vie irait bien, que je finirais par m'y faire... et elle n'a pas été du tout surprise que j'aie besoin de laisser couler quelques larmes. J'avais vécu à Brighton pendant plus de cinquante ans ; c'était un gros changement de quitter une vie de choses familières et de me poser quelque part de si nouveau ! Et puis elle a dit que c'était peut-être le moment pour elle de réserver un voyage rapide pour venir me voir ! « Oh hourra ! » Quel soulagement ! Quelqu'un pour marcher avec moi, ne serait-ce que quelques jours... Je n'avais aucune idée à quel point j'en avais besoin jusqu'à ce qu'elle me le propose. Mes nouveaux voisins du village, et en particulier Outi et Fiona, avaient tous été vraiment formidables, mais ils étaient déjà bien installés ici et avaient leur propre vie qui les occupait, bien sûr. Amanda allait être ma compagne constante pendant quelques jours... et nous pourrions explorer ensemble quelques endroits au-delà des collines !

En tant qu'athée, je ne sais pas si elle apprécierait que je la qualifie de don du ciel, mais la visite de ma bonne amie était exactement le tonique dont j'avais besoin. J'étais si contente qu'elle aime ma nouvelle maison ; cela comptait beaucoup, et nous nous sommes bien amusées à déballer quelques boîtes et à arranger des bricoles. Le temps de février était humide et brumeux, mais cela ne nous a pas empêchées de suivre la rivière Orb en amont jusqu'à la jolie ville d'Olargues avec son pont de pierre en arche abrupte au-dessus du lit rocheux de la rivière. C'était amusant d'explorer ensemble les rues escarpées et sinueuses, même par un jour gris.

Un autre jour, nous sommes allées sur les vastes plages balayées par le vent de la Méditerranée ; Amanda était déterminée à tremper ses orteils dans son océan préféré, même si c'était « hors saison ». Le choc de l'eau glacée nous a fait crier toutes les deux, et je peux honnêtement dire que mes pieds et mes chevilles me faisaient mal – ils étaient si froids ! Il y a eu beaucoup de discussions, de rires et de vin devant le feu ouvert pendant ces quelques jours – Merci, ma chère amie. Sur les encouragements d'Amanda, nous avons même osé plonger dans toutes ces boîtes Ikea et assembler le lit ; enfin, presque. Il manquait une pièce, qui devait être commandée séparément, bien qu'elle soit une partie essentielle et intégrante du lit. Je soupçonne que beaucoup d'autres ont oublié d'acheter cette pièce lorsqu'ils achètent un lit, car la dame au standard connaissait le numéro de la pièce par cœur… C'est bien d'avoir une solution rapide ; mieux encore serait peut-être de l'inclure dans le package standard ? Une bande métallique, coûtant dix euros, nécessitant un retour au magasin ~ Peu importe ; c'était un bon lit et il convenait parfaitement à la chambre « jardin ». Le vieux lit en bois que j'avais choisi chez Emmaus pour la chambre « rue » avait l'air parfait dans cette pièce aussi ; les choses se mettaient bien en place.

Rentrer à la maison après avoir déposé Amanda à l'aéroport de Montpellier était une affaire triste. Bien que mon moral ait été bien plus élevé grâce à sa visite, je n'arrivais pas à arrêter de pleurer. Je savais que j'allais bien ; j'étais si chanceuse d'avoir déjà tissé des liens avec plusieurs personnes adorables… mais je ne pouvais pas me débarrasser du désespoir qui m'a frappée ; me sentir à nouveau seule. En entrant dans le village, j'ai été interpellée par ma voisine néerlandaise Adrienne – juste pour dire bonjour. Elle était si inquiète de voir mon visage strié de larmes ; nous avons toutes deux mis du cœur à nous rassurer mutuellement que « tout ira bien » et nous nous sommes séparées avec un rire. Les amis qui me connaissent depuis longtemps sont moins surpris quand je pleure – je peux m'émouvoir devant une publicité à la télé – mais ma nouvelle amie attentionnée est bien meilleure pour garder ses larmes sous contrôle, donc elle a été bouleversée de me voir ainsi. Je me suis assurée de passer chez elle le lendemain matin pour lui montrer que j'étais de nouveau en forme ; une bonne nuit de sommeil, un café frais et un croissant m'avaient préparée pour une nouvelle journée. Et j'avais aussi un cadre de lit à finir d'assembler !

Le changement dans le rythme des allées et venues des êtres chers était quelque chose à quoi je devais m'adapter dans ma nouvelle vie. En Angleterre, il était normal de retrouver des amis pour de courtes périodes à intervalles réguliers. Maintenant que je vivais en France, ces retrouvailles ne pouvaient pas être aussi fréquentes, mais elles pouvaient durer plus longtemps. J'étais reconnaissante pour ce premier moment de crise à six semaines lorsque je voyageais en Australie. Cela m'avait appris à être plus ouverte et honnête, à avoir des conversations sur les choses « réelles » de la vie, plutôt que d'être si typiquement britannique, en disant « tout va bien » même quand ce n'était pas le cas. Maintenant que je communiquais par courriels et appels téléphoniques, plutôt que par des cafés en terrasse, les conversations devenaient plus précieuses. Maintenir de vraies connexions en discutant de ce que nous ressentions face aux grandes choses était très important, et même les petites discussions avaient de la valeur. Bizarrement, les tensions de la distance ont ajouté une plus grande profondeur à mes amitiés d'outre-mer. Au final, ce qui semblait être le nuage le plus sombre la nuit s'est transformé en une doublure argentée plus brillante au matin.

Quand j'avais dit « au revoir » à mes amis anglais à la fin

de ma dernière année en Angleterre, j'avais l'excitation de l'aventure à venir pour garder le moral. J'avais essayé de ne pas trop penser à l'aspect « quand est-ce que je te reverrai ? » et de me concentrer sur l'idée de créer un foyer accueillant en France pour que tout le monde puisse venir me rendre visite quand il le pouvait. J'avais laissé un chêne bien-aimé, âgé de sept ans, pousser à partir d'un gland, sous la garde de mon ancienne amie d'école Hayley, et d'une certaine manière, cela me donnait l'impression d'avoir encore des racines en Angleterre – par procuration, peut-être ? Elle a nommé l'arbre Hannah, et m'envoie chaque année des photos de ses nouvelles feuilles et de ses branches souples, poussant en toute sécurité, toujours plus fortes, dans son joli jardin clôturé.

J'ai lu un récit honnête sur la nature transitoire de la vie d'expatrié ; l'anticipation et la joie de chaque visite planifiée ; les larmes au moment de la séparation. Peut-être est-ce à cause de l'écart physique entre la Grande-Bretagne et le Continent que nous ressentons les distances plus intensément ? Car, en réalité, il peut être plus rapide de voler entre nos destinations internationales que de conduire du nord au sud du Royaume-Uni. Et la connexion en train à grande vitesse est une alternative tentante pour franchir les frontières, avec l'avantage supplémentaire d'observer les changements, à la fois naturels et construits, qui défilent. En voyageant à moto dans ma jeunesse, je n'avais jamais remarqué la pente plus raide et les tuiles plus lisses des toits des maisons du nord de la France, comparées à leurs homologues du sud. Lorsque j'ai fait ce voyage en train il n'y a pas si longtemps, ma récente éducation sur les principes de construction m'a permis de remarquer quand nous avons franchi cette ligne. Et maintenant, je savais aussi pourquoi : il n'y a aucun risque de charge de neige excessive sur les toits dans les climats méditerranéens !

Bien sûr, le contact régulier avec mes amis de longue date me manque, et si c'était à moi de décider, tous mes proches vivraient ici avec moi maintenant. Mais ce mode de vie européen m'a appris à vivre plus pleinement l'instant présent et à apprécier la présence de chaque visage amical à mes côtés. Avec un afflux régulier de propriétaires de résidences secondaires, apportant de la couleur et de la gaieté à notre noyau régulier d'amis résidents, j'ai eu amplement l'occasion de m'exercer aux accueils chaleureux et aux adieux tendres !

Chapitre Dix

Marcher et parler

Marcher. La vie à Saint-Nazaire-de-Ladarez tournait autour de la marche. Enfin, la viticulture d'abord… mais ensuite la marche. Situé dans un creux naturel entouré de collines boisées, chaque rue du village mène à un sentier qui s'enfonce dans les bois. C'est le paradis des randonneurs. L'office du tourisme de la région propose un pack contenant des guides pour plus de soixante-dix randonnées. Chaque village prétend avoir la meilleure à sa porte. À Saint-Nazaire, nous en avions deux !

Naturellement, dans cet environnement, des groupes de marche se forment. J'avais récemment rencontré une Anglaise nommée Julie lors de l'anniversaire d'Outi, et elle semblait tout connaître de la région, ayant déménagé ici il y a plusieurs années avec son mari. Ils s'étaient ensuite séparés, alors Julie avait créé son foyer indépendamment à Causses et Veyran, et trouvé du travail non seulement en nettoyant des maisons de vacances, mais aussi en s'occupant des chiens lorsque leurs propriétaires partaient. Il existe un site web appelé Trusted Petsitters qui fonctionne sur ce principe, en payant pour les soins des animaux de compagnie en offrant l'utilisation gratuite de votre maison, et je l'ai utilisé plusieurs fois maintenant. Basé sur la confiance et la décence, c'est une alternative agréable à l'échange d'argent ; tout le monde, y compris nos animaux, y gagne. En gardant les maisons de divers propriétaires de chiens, Julie s'était familiarisée avec de nombreuses villes et villages, et était une mine d'informations. Elle m'a informée qu'il y avait un groupe qui partait en randonnée tous les lundis à 13h30. Elle a souligné que c'était un groupe « strictement francophone », et que seule elle et un autre Britannique avaient été acceptés car ils étaient presque bilingues. Elle aurait un mot spécial avec le coordinateur et demanderait à ce que je sois incluse. Cela pourrait être une excellente occasion de rencontrer plus de Français, et aussi de sortir et de profiter de cette magnifique campagne.

Comme le groupe était principalement composé de retraités, j'étais confiante de pouvoir suivre le rythme, bien que les distances d'« environ dix kilomètres » semblaient un peu intimidantes pour cette randonneuse novice. Julie a dit qu'elle était sûre que je m'en sortirais bien. Il y a manifestement quelque chose dans mon apparence extérieure qui inspire confiance en mes capacités intérieures, à tort ou à raison !

Ma première leçon, le lundi suivant, a été d'apprendre à quel point les Français peuvent être ponctuels, dans certaines occasions. Ayant déjà expérimenté l'approche extrêmement décontractée des Gaulois en matière de ponctualité lorsqu'il s'agit de se présenter à des fêtes et autres rendez-vous sociaux, j'ai été stupéfaite de constater qu'il ne restait personne au point de rencontre désigné à 13h32… et que j'entendais les voix des randonneurs s'éloignant sur le sentier menant aux collines. Heureusement, Adrienne passait par là avec ses deux chiens et a pu me guider jusqu'au début du sentier. Si je me dépêchais, elle était sûre que je pourrais les rattraper.

C'est tellement typique d'Adrienne. Elle ne me pousse jamais, et elle ne se met pas en avant non plus – mais elle a toujours été là, offrant une main stabilisatrice et guidante alors que je fais mes premiers pas hésitants. Elle et Joseph ont été extrêmement importants pour mon intégration au village, non seulement par leur amitié inébranlable, mais aussi parce qu'ils ont insisté pour que nous parlions français (ou que j'essaie au moins) dès le premier jour. Il aurait été si facile d'être paresseux et de simplement parler anglais avec eux, mais Adrienne avait déjà parcouru ce chemin et savait que cela pouvait être perçu comme de l'impolitesse et sembler excluant pour les locaux. Si nous voulions être inclus, nous devions aussi être inclusifs dans notre comportement. En y réfléchissant, combien de fois les Anglais se sont-ils plaints d'un « groupe d'étrangers » qui bavardent dans leur propre langue en visitant notre pays ? Je n'étais pas seulement une visiteuse ; je voulais m'installer et rester.

Alors, me voilà partie en courant, sur le sentier glissant, à la poursuite des voix françaises au loin. Ce fut un réveil brutal pour moi ; je n'étais pas en pleine forme pour la randonnée en montagne ! Le visage rouge et haletante, j'ai rattrapé les derniers du groupe, dont l'un – heureusement – était Julie, car elle se demandait si j'étais en route… C'était délicieux d'être parmi un groupe de personnes si confiantes sur les sentiers et les chemins autour de mon village. Ils marchaient ici depuis des années. Ils avaient vu les arbres et les buissons grandir au fil de leurs allers-retours, s'occupant des vignes au fil des saisons tout en parcourant les sentiers pour le simple plaisir d'être à la campagne. Le parfum du thym sauvage emplissait l'air. Il y avait déjà des fleurs jaunes sur certains buissons, et des feuilles vertes éclataient sur chaque branche. L'hiver est un bref intervalle dans cette région ; le printemps est trop pressé pour attendre !

Ma première idée reçue selon laquelle je pourrais facilement suivre ce « groupe de retraités » était totalement erronée ! Non seulement ils bavardaient sans effort tout en montant doucement des pentes qui me faisaient souffler comme une vieille locomotive à vapeur ; mais ils se déplaçaient avec une grâce fluide sur le terrain. C'était un chemin inégal, où il fallait éviter les rochers… Je ne pouvais admirer le paysage qu'en m'arrêtant pour reprendre mon souffle. Lorsque nous avons atteint le sommet de notre randonnée (pas le sommet des collines), nous pouvions voir la côte s'étendre devant nous à l'horizon, à plus de cinquante kilomètres de distance, à travers d'interminables champs de vignes. J'ai poliment décliné l'« option supplémentaire » proposée, une extension au parcours prévu.

J'ai laissé Julie et les autres membres plus énergiques du groupe trotter quelques centaines de mètres de plus, à travers la « garrigue », comme on appelle la végétation sauvage et épineuse, pour s'approcher au plus près d'un mur romain délimitant une portion aléatoire de la colline. Apparemment, les Romains avaient établi des camps ici après avoir conquis les Gaulois rebelles, puis ils avaient besoin d'occuper leurs troupes pour éviter qu'elles ne s'ennuient ou ne deviennent turbulentes. Ils les ont donc mis au travail, construisant des murs et aménageant des terrasses sur les collines pour y cultiver des olives et des vignes ; les indispensables italiens garantissant une qualité de vie et un mode de vie méditerranéen sain. Comme tout ce qui est romain, les terrasses étaient construites pour durer, et les cultivateurs locaux profitent encore aujourd'hui des efforts de ces premiers soldats, tant d'années plus tard ! Outre les petits murs bas, il y a plusieurs tronçons de chemins pavés datant de l'époque romaine, à moitié enfouis sous la végétation… il suffit de savoir où regarder.

Un autre rappel de la présence romaine dans la région se trouve dans plusieurs noms de lieux. Lorsque le commandant d'une légion terminait ses années de service pour l'Empire, il avait le choix de retourner dans son pays d'origine ou de rester en France. S'il choisissait la France, on lui attribuait une parcelle de terre pour y construire sa maison, cultiver les champs et encourager l'établissement d'un hameau qui deviendrait un petit village. Les noms de ces villages de soldats romains se terminent par les lettres AC ; cela donne donc une idée de l'origine de villes comme Florensac, Montagnac et Autignac.

Ce n'est bien sûr pas la seule histoire de la région. À une époque, il y avait des communautés de charbonniers vivant dans les bois. On peut trouver de petits hameaux de bâtiments en ruine, des fumoirs et toutes sortes de structures, presque cachés par la verdure alors que la forêt les reprend… là encore, il suffit de savoir où regarder. J'étais fascinée de découvrir ces trésors des collines, et tout aussi certaine que je ne retrouverais jamais mon chemin jusqu'à eux. Vos secrets sont en sécurité avec moi, les gars ; Miss Sens de l'Orientation Absent, c'est mon nom !

J'étais reconnaissante que quelques membres du groupe de randonnée aient pris le temps et la peine de commencer à faire ma connaissance cet après-midi-là. Mes compétences linguistiques étaient assez limitées, mais nous avons échangé des hochements de tête et des sourires qui m'ont fait comprendre que j'étais la bienvenue. C'était très frustrant de ne pas pouvoir comprendre les conversations et les blagues ; et je voulais m'ouvrir d'une manière ou d'une autre pour qu'ils puissent avoir une idée de qui était cette nouvelle venue. Mon opportunité s'est présentée alors que nous négocions la descente vers le village. Au début, nous avons suivi un sentier de randonnée assez facile, mais soudain, notre guide a bifurqué vers un chemin escarpé et étroit entre les arbres, à peine visible jusqu'à ce que vous soyez presque dessus.

J'avais regretté d'avoir laissé mes bâtons de randonnée derrière moi en luttant pour monter la colline. Descendre sans eux était encore plus difficile – surtout lorsque le sol sous nos pieds est devenu une sorte de gravier/éboulis qui avait tendance à glisser sans prévenir. Une dame a vu que j'avais du mal et m'a gentiment prêté un de ses bâtons ; elle avait besoin de garder l'autre pour elle-même. Julie, plus robuste et plus forte en randonnée, m'a également aidée sur certaines parties plus raides. Pour détendre l'atmosphère alors que nous nous concentrions tous pour ne pas glisser, j'ai annoncé en français, du mieux que je pouvais : « Je suis comme une chèvre de montagne ». Julie a éclaté de rire, appréciant mon humour anglais ironique – me comparant à une chèvre de montagne ! Mes compagnons de randonnée français ont répondu très sérieusement : « Non, Madame, tu n'es pas une chèvre de montagne ». Ils n'étaient manifestement pas du tout impressionnés par mes compétences en escalade de colline.

Une fois que nous avons clarifié que c'était une blague – « c'est une blague » – j'ai été accueillie plus chaleureusement ; étant assez détendue pour rire de moi-même, je devais être sympa.

La récompense inattendue à la fin de nos efforts de l'après-midi a été un mini-festin alors que nous nous sommes rassemblés autour d'une table bancale avec des bancs branlants, à l'extérieur d'une cabane dans le parking du village. (J'ai appris plus tard que c'était là que les chasseurs découpaient le sanglier... je n'ai pas demandé plus de détails). Aujourd'hui, des verres de vin pétillant sont apparus, accompagnant la spécialité absolument incroyable, totalement top et délicieuse du village de Saint-Nazaire – un « avelano ». C'est une pâtisserie, généralement ronde, et au moins de la taille d'une assiette car tout le monde en veut un morceau. Parmi les ingrédients, on trouve des pommes, du citron et des noisettes ; elle contient aussi des « épices », mais personne n'a voulu révéler exactement lesquelles. Certains avelanos sont encore relevés par une goutte de pastis (ou « Lait Français », comme l'appelle Joseph lorsqu'il le mélange à l'eau). La recette se transmet de génération en génération dans quelques familles sélectionnées du village. Lorsque j'ai essayé d'obtenir plus d'informations de Pierrot, le boulanger, tout ce qu'il a bien voulu me dire, c'est « c'est un secret ». Hmmm... quelle énigme ! Et la première part que j'ai eu le privilège de goûter avait été préparée par la reine incontestée de l'avelano, Danielle Madalle. Miam, miam, miam.

J'étais enthousiaste à l'idée de participer à une autre randonnée le lundi suivant, même après qu'on m'ait expliqué que le vin et la pâtisserie n'étaient servis qu'à l'occasion d'événements spéciaux et qu'on ne devait pas s'attendre à en profiter chaque semaine. Les jambes tremblantes autant à cause de l'effort de l'après-midi que de l'effet du vin sur un estomac (presque) vide, j'arborais un sourire heureux en m'affalant sur mon canapé pour une soirée tranquille à la maison avec mes chats. Je me suis endormie en repensant aux moments forts de cet après-midi délicieux...

Ainsi commença une nouvelle phase de mon apprentissage et de mon intégration avec mes voisins français. Chaque lundi à 13h25 (je n'étais plus en retard !), nous nous retrouvions en covoiturage à un point de rendez-vous, puis partions en un long groupe dispersé, suivant notre guide à travers les collines, les vignes, le long de la rivière... tombant souvent sur des sites ou des éléments intéressants, et toujours dans un air frais et pur, au cœur d'une campagne magnifique.

Petit à petit, j'ai commencé à avoir de petites conversations avec mes compagnons de randonnée. Certains jours, je me sentais plus courageuse que d'autres ; parfois, il était plus facile de trouver les mots dont j'avais besoin. Un jour, John, l'autre Britannique, qui non seulement parlait couramment le français mais apprenait aussi le dialecte local, l'occitan, m'a demandé si je me préparais avant de venir chaque lundi. Et il ne parlait pas d'eau, de chapeau ou de bâtons de randonnée. Est-ce que je me renseignais sur un sujet d'actualité et apprenais quelques mots en français pour pouvoir participer à la conversation ? Quelle idée géniale ! Ça ne m'était jamais venu à l'esprit de faire des « devoirs » avant un événement social. Ma méthode habituelle était de me pointer et d'écouter simplement. Si je me sentais poussée à parler, je lançais une phrase puis je me retrouvais coincée au milieu (cherchant un mot) ou – si je me sentais particulièrement créative – j'utilisais mon vocabulaire limité pour décrire le mot qui me manquait. Cela a dû mettre à rude épreuve la patience de mes nouveaux amis, qui étaient venus pour passer un après-midi détendu et non pour jouer aux charades, mais ils n'ont jamais été méchants. J'ai cependant remarqué qu'ils se relayaient pour marcher un moment avec moi ; alternant entre eux quand j'avais épuisé leurs oreilles et notre capacité cérébrale mutuelle !

Une dame du groupe, toujours prête à échanger quelques mots avec moi, était une grande femme mince et blonde nommée Martine. La première semaine où nous avons discuté, j'ai vraiment eu du mal à la comprendre, mais elle a persévéré avec moi et a pris le temps de s'assurer que je comprenais au moins le sujet, même si je ne saisissais pas chaque mot. Il s'est avéré qu'elle s'était fixé un merveilleux défi (autre que de discuter avec moi !) : elle photographiait toute la longueur de la rivière Orb, à travers toutes les saisons, pour enregistrer les méandres de sa beauté et de la campagne environnante. Un jour d'été, elle et moi avons laissé les autres partir en randonnée pendant que nous descendions vers la petite plage de Ceps, afin qu'elle puisse photographier l'ancien pont de pierre. Après avoir toutes les deux pris quelques clichés artistiques, nous avons passé un après-midi paisible à discuter de la vie en général ; ce qui m'a semblé être un privilège spécial. On m'avait dit que la plupart des Français ne vous laissent les connaître qu'à un certain niveau social ; accéder à des pensées plus intimes prend du temps. C'était un signe d'acceptation, et j'étais si reconnaissante pour la gentillesse de Martine.

Son mari Georges, en revanche, ne passait pas un aussi bel après-midi. Pour moi, il a l'essence d'un ours ; grand et costaud avec des yeux bienveillants, bien que – malheureusement – il soit presque incompréhensible pour tout le monde avec son accent portugais qui colore fortement ses mots français. Mais il vit parmi les villageois de Causses et Veyran depuis de nombreuses années, donc ils le connaissent bien. Ce qui est une chance, car il est aussi diabétique et lors de cette randonnée particulière, sous le soleil chaud, sans chapeau et sans Martine pour veiller sur lui, il « s'est senti bizarre » et a commencé à vaciller. Ses amis du groupe de randonnée sont passés à l'action et l'ont assis à l'ombre. Ils lui ont ensuite pincé le nez pour lui faire ouvrir la bouche, lui ont incliné la tête en arrière et lui ont forcé à mâcher des bonbons sucrés. Fiona, qui faisait partie du groupe, m'a dit qu'ils n'étaient pas particulièrement doux avec lui, mais leurs soins brutaux ont fait l'affaire et en peu de temps, il était « comme neuf ». Un membre du groupe a couru en avant pour prévenir Martine. Elle s'est levée d'un bond de notre siège improvisé au bord de la rivière, est allée vers lui et l'a frappé avec son chapeau ! Seuls nous, les non-Français, étions perturbés ; pour les autres, c'était « juste quelque chose qui arrive parfois avec Georges ».

Un autre professeur clé, alors que je faisais de mon mieux pour m'adapter à la vie et à la langue en France, était une charmante dame nommée Sabine, qui tenait le bureau de poste de Saint-Nazaire. Elle me saluait toujours, et à peu près tout le monde, avec un signe de la main, un sourire et – pour moi – un joyeux « bonjour » suivi de quelques mots, prononcés clairement et lentement. Elle me parlait comme à un petit enfant ; choisissant des mots simples et les répétant tout au long de la conversation. Elle m'encourageait à essayer de parler, me fournissant volontiers les mots qui me manquaient, me donnant la confiance nécessaire pour en dire plus et faisant progressivement ressortir des phrases embrouillées de ma mémoire endormie. J'attendais vraiment avec impatience les discussions avec Sabine. Je trouvais des excuses pour passer régulièrement à la poste ; achetant un timbre à la fois, pour une carte postale à la fois… juste pour avoir quelques minutes de conversation et de sourires. Elle aurait dû être institutrice ; elle était en tout cas une merveilleuse « professeur » pour moi, m'expliquant les traditions et les idées locales.

Le bureau de poste de notre village n'était ouvert que quelques heures par jour. Il n'y avait vraiment pas besoin de plus, car il n'y avait pas beaucoup de passage ! Il servait également de bibliothèque villageoise, et Sabine m'avait déniché quelques livres faciles à lire. Elle faisait vraiment des efforts pour m'aider et m'incluait dans les conversations avec les autres villageois si nous nous y trouvions en même temps. J'ai été particulièrement ravie de comprendre un jour son échange avec un ancien du village. Il se plaignait des « étrangers » qui s'installaient dans le village, jusqu'à ce qu'elle lui rappelle que ses parents avaient en fait fui l'Espagne (à l'époque de Franco) et avaient trouvé refuge ici, alors il devrait à son tour accueillir les autres ! Elle a ajouté qu'elle pensait qu'un mélange de nationalités apportait une touche supplémentaire au village ; me désignant comme le dernier « étranger » à m'y installer. Je lui ai adressé mon plus beau sourire et un « bonjour Monsieur », en ajoutant même que ce n'était pas ma « maison secondaire » … j'étais là toute l'année. Sabine a rayonné de fierté en voyant que j'avais pu apporter ma petite contribution à la conversation ; tous ses efforts n'avaient pas été vains !

Cela peut sembler évident, vu son métier, mais j'ai été ravie de découvrir que Sabine avait une passion pour la philatélie. Lorsqu'une amie en Angleterre m'a dit qu'une série spéciale de timbres allait être imprimée pour commémorer les romans d'Agatha Christie, c'était l'occasion parfaite de remercier Sabine pour toute sa gentillesse avec un cadeau que j'étais sûre qu'elle apprécierait. Alors que nous les examinions ensemble, il a fallu que je déploie tous mes talents de description pour expliquer que chaque timbre représentait non seulement une scène d'un roman différent, mais contenait également des astuces incroyablement ingénieuses des créateurs de timbres pour donner des indices sur « Qui a fait le coup ». Je ne suis pas moi-même une passionnée de timbres, mais partager tous ces petits détails avec une telle enthousiaste… eh bien, c'est une bonne chose que Saint-Nazaire n'ait pas eu une ruée de colis à expédier ce jour-là. Il y aurait eu une sacrée file d'attente à la poste au moment où Sabine et moi avons terminé nos investigations !

Il était surprenant d'apprendre que non seulement le village comptait le Suédois Magnus, sa femme finlandaise Outi, la Belge Veerle, les Néerlandais Adrienne et Joseph, et moi, l'Anglaise… mais qu'il y avait également un certain nombre d'autres Britanniques qui venaient à différentes périodes de l'année ; sans oublier des Danois, des Américains, des Suisses et même un Néo-Zélandais ! C'est un mélange international plutôt impressionnant pour une population de seulement

350 habitants… Sans parler du nombre important de familles d'origine espagnole désormais bien installées dans le village. Comme Sabine l'a rappelé au vieux monsieur, le village s'était forgé une réputation d'accueil et de bienveillance lorsque les Espagnols cherchaient refuge, et c'était une réputation dont il fallait être fier. On m'a dit à plusieurs reprises à quel point j'avais eu de la chance de trouver un tel endroit. Apparemment, certains villages, et certains villageois, sont loin d'être aussi gentils avec les nouveaux arrivants.

Chapitre Onze

Plus de marche, plus de discussions

Ma nouvelle vie a rapidement pris l'apparence d'un rythme hebdomadaire régulier. Mon approche précédente avait été de résister à l'idée de faire certaines choses à des jours précis, mais quand on essaie de s'intégrer à des groupes de personnes, il faut se conformer à des horaires partagés… du moins une partie du temps.

Donc, le lundi, nous allions nous promener, le mercredi, je faisais tout le trajet jusqu'à Narbonne – à une heure de route – pour discuter avec un groupe anglo-français, et le jeudi, c'était « l'école » où, pendant quatre-vingt-dix minutes, mes neurones affolés se poursuivaient les uns les autres, essayant de rassembler n'importe quoi des leçons des semaines précédentes. Chaque semaine, nous avions des devoirs, donnés par l'inépuisable Nelly, qui testaient régulièrement ma maturité. Les semaines où je m'asseyais et m'appliquais non seulement à faire les devoirs mais aussi à relire les notes de cours et à vraiment, vraiment essayer de retenir quelque chose, je faisais de réels progrès. Les semaines où j'avais de bonnes intentions mais me laissais facilement distraire, ne regardant les devoirs que la veille du cours et ne faisant que le minimum pour pouvoir répondre quand le projecteur se braquait sur moi... eh bien, « on récolte ce que l'on sème » est une déclaration exacte. Finalement, un changement s'est opéré en moi et j'ai commencé à apprendre parce que je le voulais, pas parce que je devais le faire ; il fallait juste que je surmonte ma réaction d'« écolière turbulente » dans un environnement de classe. Quand je suis retournée aux études à quarante ans, pour apprendre la construction de bâtiments, j'ai immédiatement régressé à être celle du fond de la classe, qui faisait des bêtises. À cette occasion, il a fallu les mots d'une mère célibataire avec deux enfants pour secouer ma façon de penser, quand elle a dit : « Je vise à obtenir un niveau de mention Très Bien dans chaque section de ce cours ; pourquoi se donner toute cette peine pour venir et ne pas donner le meilleur de moi-même ? » Elle a donné son meilleur, et elle a obtenu les mentions Très Bien aussi ! Et moi aussi ; grâce à ses sages paroles.

Mes camarades de classe dans les cours de Nelly étaient tout aussi inspirants. La plupart des gens étaient là parce qu'ils avaient déménagé pour devenir résidents à temps plein en France, mais un certain nombre de propriétaires de résidences secondaires venaient aussi, chaque fois qu'ils en avaient l'occasion. Nous avions tous nos propres motivations pour vivre une expérience plus riche dans un autre pays, et nous adoptions tous des techniques d'apprentissage différentes pour correspondre à nos goûts personnels. Une dame lisait des romans policiers simples, car le vocabulaire se situait généralement dans une certaine fourchette, mais c'était trop difficile pour moi. Nous étions tous d'accord pour dire que discuter avec les gens du coin était LA MEILLEURE voie pour améliorer notre fluidité, donc rejoindre des chorales et des clubs sportifs était une autre manière moins intense d'avoir des contacts et des discussions réguliers. Une amie avait un fils à l'université qui étudiait la linguistique, donc elle partageait occasionnellement des pépites d'or avec nous. Un « truc » préféré pour comprendre plus, que j'utilise quand je m'en souviens, est d'appliquer le concept que l'accent circonflexe (petit chapeau) sur une lettre indique que la lettre S est absente du mot. Par exemple, si vous remettez le S dans Château, cela ressemble presque à Castle. Apparemment, cela remonte à l'époque où beaucoup de gens ne savaient pas lire et écrire, donc devaient payer les moines pour écrire pour eux. La pratique standard était de facturer chaque lettre, donc réduire le nombre de lettres utilisées pour épeler un mot permettait d'économiser de l'argent !

Le groupe de conversation de Narbonne, AFAL, était une suggestion de Nelly, officiellement pour que nous puissions apprendre quelques mots et phrases supplémentaires de locuteurs natifs français – mais avec le recul, je pense aussi qu'elle m'a encouragée à y aller parce qu'elle voyait à quel point je me sentais seule. L'une des premières phrases que j'ai apprises dans ses cours était « mal de pays » – le mal du pays. C'est quelque chose que beaucoup d'expatriés ressentent de temps en temps, particulièrement fortement au début, mais la plupart des gens le cachaient mieux que moi, je pense. Et il n'y en avait pas tant que ça qui avaient déménagé ici seuls, non plus… Heureusement, ma folle amie irlandaise Fiona aimait l'idée de s'éloigner de sa tribu un soir par semaine, donc nous faisions du covoiturage et nous nous relayions pour conduire. Bien sûr, avec des permutations variables de jusqu'à cinq enfants qui réclamaient son temps, elle n'était pas toujours capable de s'échapper, mais quand elle le faisait, cela rendait le trajet plus amusant – surtout en revenant sur les routes sombres des collines les soirs d'hiver. La foule d'AFAL était très amicale et joyeuse; peut-être parce que les soirées commençaient avec un verre de vin offert. C'était conçu comme une opportunité de discuter de manière informelle avant de se séparer en groupes plus formels – grossièrement triés par niveau de compétence

– mais cela fonctionnait aussi comme un renforcement de la confiance. Quand le vin coule, les mots aussi ~

Quand j'ai dit « triés par niveau de compétence », c'était définitivement plus grossièrement que précisément. Nous nous triions nous-mêmes ; ce n'était pas comme dans les livres de Harry Potter, avec le Choixpeau identifiant votre vocation intérieure. La majorité des gens dans le groupe « niveau débutant » semblaient heureux de rester à leur niveau pendant un bon moment, car les sessions étaient souvent pleines de bavardages et de beaucoup de plaisir. Le niveau supérieur, que j'ai rejoint, était destiné aux personnes désireuses de progresser plus rapidement. Pour être honnête – pendant la période où j'y assistais régulièrement – il serait juste de dire que la plupart des membres français étaient plus à l'aise en anglais que nous, leurs homologues, ne l'étions en français. Les soirées étaient sans exception intéressantes, pour une raison ou une autre, et avec le temps, nous avons fini par tous nous connaître, ainsi que les idiosyncrasies de chacun ! Il y avait une dame qui racontait des histoires incroyablement émouvantes, évoquant des traumatismes d'enfance et les détails d'un passé terriblement difficile. Au début, j'étais vraiment touchée et inquiète pour elle ; j'espérais que ses dernières années avaient été plus heureuses pour compenser tout cela. Mais après quelques mois, les détails de ses différentes histoires ne collaient plus. Au début, j'étais outrée d'avoir été dupée ; puis j'ai simplement haussé les épaules et j'ai pris cela comme une manière colorée d'apprendre des fragments d'histoire française. Sa participation à ces histoires pouvait être discutable – un chien nommé Blackie avait-il vraiment sauté d'un char américain libérateur pour devenir son fidèle compagnon ?! – mais les époques dont elle parlait étaient bien réelles. Je pouvais voir qu'elle était déçue de ne plus obtenir de moi la réaction émotionnelle qu'elle souhaitait, alors elle dirigeait ses récits vers le prochain nouveau venu. Ce n'était pas mon rôle de les éclairer ; leur prise de conscience viendrait, avec le temps.

Un autre grand avantage des réunions de l'AFAL était les événements sociaux organisés tout au long de l'année. Nous avons fait une sortie en « Solex », ces vélomoteurs électriques vintage, un jour, et c'était vraiment hilarant ! Filant hors de Narbonne à une vitesse maximale de trente kilomètres à l'heure si vous n'étiez pas trop lourd, empruntant autant que possible les chemins de campagne, nous avons foncé vers la colline surplombant la ville de Gruissan ; pique-niquant avec une vue sur la tour du Pirate et souhaitant que les marais salants prennent cette couleur rouge vif parfois observée en été lorsque l'eau salée et les algues réagissent. Le pirate qui utilisait la tour comme poste d'observation pour piller les navires marchands, autrefois, était connu sous le nom de Baba Barberousse – Petit Barbe Rouge. Il n'était pas du même calibre que son homonyme, le célèbre pirate sanguinaire Barbe Rouge, mais il avait bien la même couleur de barbe, et il était pirate. Une réplique de son bateau est suspendue au plafond de l'église locale ; je n'ai aucune explication à cela !

Gruissan est associé à une autre couleur ; pas seulement le rouge. Quand je suis rentrée chez moi et que j'ai raconté à mes amis Francine et Jeannot que j'étais allée à Gruissan, ils m'ont demandé si j'étais allée à la plage et si j'avais vu les avenues de chalets sur pilotis ? Ils sont typiques de cette zone de plage – pour permettre les marées hautes à certaines périodes de l'année, je suppose ? Et puis ils ont voulu savoir si j'avais vu le chalet spécial, celui qui apparaît dans le film ? Quel film ? Son titre français est « 37.2 le matin » – 37.2 degrés le matin – mais il est mieux connu des anglophones sous le nom de « Betty Blue ». Cela m'a rappelé quelque chose ; je me souvenais que mon grand frère parlait d'un film quand il était adolescent et que j'étais sa petite sœur embêtante. Je lui ai demandé s'il parlait de Betty Boop, le personnage de dessin animé, et il a ri avec supériorité en disant : « Oui, c'est ça ». Je me souviens avoir été déconcertée par sa réaction, mais j'étais souvent déconcertée par les conversations familiales à l'époque, étant la plus jeune et celle qui avait du mal à suivre les réparties rapides et pleines d'esprit.

Par coïncidence, quelques jours plus tard, Francine m'a appelée pour me dire que le film « 37.2 » passait à la télévision française ce soir-là. Par une chance encore plus grande, j'avais récemment découvert le bouton sur ma télévision qui me donnait des sous-titres en anglais… alors je me suis installée pour absorber un film français iconique. On dit qu'il ne faut pas juger un livre à sa couverture, et je n'aurais pas dû avoir une impression aussi étriquée de « personnes âgées sérieuses » de mes charmants amis français, juste parce qu'ils étaient plus âgés que moi. Le début du film ne m'a laissé aucun doute : Francine et Jeannot étaient peut-être des membres respectables de la communauté, mais ils avaient certainement aussi une attitude ouverte et libérale envers le sexe. Ce n'était pas du porno, et il n'y avait rien de dégoûtant… mais c'était certainement chaud et sensuel ! Le film est vraiment bon, avec une histoire profonde et réfléchie, et sans aucun complexe concernant la nudité ou le sexe. Cool ! Je ne me sentais pas si cool quand Jeannot m'a demandé si j'avais aimé le film ; d'une manière ou d'une autre, cela semblait un peu trop « intime » à discuter ~ et moi qui m'imaginais être une fille si décontractée de Brighton !

L'histoire du troisième couple du groupe qui m'a accueillie dans le village, Nadia et Bernard, a confirmé ma leçon : mes amis français plus âgés étaient des personnes ouvertes et libérales bien avant que je ne puisse prononcer le mot « hippie » ou même me considérer comme une « jeune chose cool ». Nadia est exactement comme tout le monde souhaiterait que sa grand-mère soit ; si chaleureuse, joyeuse et souriante, et jamais plus heureuse qu'à une fête – mangeant, buvant puis se levant pour danser. Et Bernard est un Top Dude si élégant ; il me salue toujours avec un « 'ello, my Dah-ling », un clin d'œil, et de grands câlins et sourires qui rivalisent avec ceux de sa femme. Je n'aurais jamais deviné que pendant de nombreuses années, ils avaient dirigé un camping naturiste sur la côte méditerranéenne ; Bernard en tant qu'hôte accueillant, Nadia en tant que cuisinière. Je n'ai jamais trouvé le courage de lui demander comment elle protégeait sa pudeur et ses atouts dans la cuisine ; il y a de nombreux détails subtils de la vie naturiste que seuls ceux qui savent, savent. Ils ont eu beaucoup de plaisir là-bas, au fil des années, c'est sûr ! Il existe depuis longtemps des villages de camping naturistes disséminés parmi les dunes du sud de la France, et ils ont toujours été des destinations de vacances populaires. Bien qu'il y ait aujourd'hui quelques sites situés au Cap d'Agde qui ont la réputation de leurs activités « libertines », la plupart des endroits sont purement établis pour que les gens puissent profiter d'une vie normale, nue… et obtenir un bronzage intégral.

J'ai rencontré tellement de charmants Français, qui m'ont accueillie dans leur cœur et leur maison et ont été « le vent sous mes ailes » alors que j'apprenais à voler dans leur pays. Pour cela, je leur suis éternellement reconnaissante.

Un super couple français, membres très actifs de l'AFAL, a réellement ravivé mon enthousiasme pour les jeux de société. Quand nous étions enfants à Brighton, nous recevions un jeu de société par an, à Noël, et au fil du temps, nous avons constitué une collection impressionnante. Maman lisait les règles la veille, pour que nous puissions jouer sans trop de tracas – et maintenant, Anne-Marie et Pierre jouaient un rôle similaire ! Eux et leur fils sont des passionnés de jeux, alors une fois par mois, ils organisaient un après-midi de jeux chez eux, avec du thé et des gâteaux, pour que nous puissions tous nous mélanger dans un environnement encore plus détendu. Un peu comme dans le magasin Orange – où les mots sont nécessaires, que vous les ayez dans votre vocabulaire ou non – participer à des jeux a donné lieu à des constructions de phrases intéressantes, tant de la part des joueurs français que des Anglais.

Le groupe AFAL organisait également des événements sociaux plus classiques ; des repas au restaurant, ou alternativement des « auberges espagnoles » où chacun apportait un plat pour un déjeuner partagé. Cependant, l'un des événements spéciaux les plus mémorables pour moi a été lorsque nous nous sommes rendus à l'embouchure de la vallée du Rhône, qui se trouvait aux confins de la zone sociale pour la plupart des habitants de Narbonne. Nous visitions la Camargue pour une balade à travers les chemins de campagne en calèches, entourés de champs de chevaux blancs de Camargue et de taureaux sauvages noirs de Camargue ! Nos hôtes pour la journée étaient une famille haute en couleur qui, à eux seuls, ont tout fait pour que cette journée soit un véritable régal. Le père, son père, son fils et sa fille conduisaient chacun une des « calèches », tirées par une équipe de chevaux robustes et pouvant accueillir une demi-douzaine d'invités. La mère, avec sa sœur et sa mère, sont restées à la maison pour préparer le déjeuner, composé de fines tranches de bœuf (bien sûr) avec du riz risotto, du vin rouge et un délicieux dessert sucré.

Nous avions été accueillis avec une version matinale d'apéros avant de partir, alors nous étions une joyeuse bande toute la journée. Mon amie française et moi avons eu la chance de nous asseoir à l'avant, à côté du père, alors j'ai profité de son commentaire continu d'histoires colorées et d'avoir une traductrice à portée de main pour les passages compliqués ! Les habitants de la Petite-Camargue, pour donner le nom correct à cette partie de la région juste au nord d'Aigues-Mortes, ont un grand respect pour les taureaux et sont fiers d'expliquer que – même s'ils organisent encore les tournois de corrida de la Feria chaque été – ils ne tuent pas les taureaux. Dans certaines villes, à l'extérieur des arènes, il y a des statues pour honorer les taureaux « Champions » qui ont bien combattu et reviennent chaque année, pour tester le courage des matadors tout en montrant leurs compétences équestres. Nous avons certainement vu quelques vieux taureaux dans les pâturages en passant ; ce sont les leaders du troupeau et ils apprennent aux jeunes taureaux comment vivre et coopérer avec leurs gardiens humains. Comment reconnaît-on un vieux taureau

? Il n'est plus noir, mais gris ! Et apparemment, il n'est « sûr » de pénétrer dans un champ de taureaux que si l'on est monté sur un cheval. Si des créatures embêtantes, semblables à des bâtons, sur seulement deux pattes s'aventurent à l'intérieur, les taureaux attaqueront. Je n'ai pas testé cela… tout était si joli et paisible, pourquoi gâcher la journée ?

Un conseil utile pour identifier les taureaux que j'ai glané dans une conversation était : si les cornes pointent vers le ciel, comme pour câliner le soleil, alors le taureau est de la région de Nîmes en Camargue. Si les cornes pointent vers l'avant, prêtes à vous embrocher, alors le taureau est d'Espagne et probablement pas aussi sympathique (c'est ce qu'on m'a dit !). Bon à savoir ~

À maintes reprises, j'ai été impressionnée par le lien profond que mes amis et voisins français entretiennent avec la terre et la nature en général. Je suis sûre qu'il y a beaucoup de gens de la campagne en Grande-Bretagne ; je n'en avais simplement pas rencontré autant en vivant dans la ville côtière de Brighton. Tous ceux que je rencontrais aujourd'hui semblaient avoir des perles de sagesse qu'ils étaient heureux de partager avec moi, surtout Francine, qui avait une richesse de connaissances naturelles qui coloraient nos promenades et nos conversations. Elle était également très patiente lorsque je posais des questions sans fin, essayant de saisir l'essence de cette nouvelle terre. Lorsque j'ai vu les feuilles des vignes se teinter de leurs riches rouges, oranges et jaunes lors de ce premier automne, j'ai osé demander si les couleurs des feuilles étaient liées à celles du vin produit par chaque plant. Malheureusement non, bien que nous soyons d'accord pour dire qu'elles semblaient refléter toute la chaleur du soleil qu'elles avaient absorbée tout au long de l'été. Ce sentiment d'être un enfant, apprenant de nouvelles choses, était un état quotidien constant. Pas étonnant que les villageois de St Nazaire me surnomment « la petite anglaise », même lorsqu'ils connaissaient mon nom. Je suppose que cultiver la vigne et produire du vin maintient tout le monde en harmonie avec les changements de saisons dans leur paysage immédiat, car il est primordial de savoir ce que le temps pourrait faire et comment prendre soin de leur précieuse récolte.

Cet attachement aux saisons s'accordait parfaitement avec une autre préoccupation très forte des Français : n'importe quelle excuse pour une fête ! Il y a tellement de jours fériés en France – treize la dernière fois que j'ai compté… et ceux-ci sont augmentés dès que possible, afin que tout le monde puisse partir pour passer le plus de jours possibles à manger et boire avec leur famille élargie. Si un jour férié tombe un mardi ou un jeudi, il existe une pratique acceptée de « faire le pont » – où le lundi ou le vendredi est pris comme un jour de congé supplémentaire, pour offrir un week-end vraiment décent ! Il faut vraiment garder un œil sur le calendrier, surtout au mois de mai, car avec la fermeture traditionnelle de nombreux magasins et services le lundi, il y a une réelle chance de manquer de l'essentiel (nourriture et vin) !

Dans mon village de St Nazaire, il y avait deux dates

particulièrement importantes : la Pentecôte, en mai, et le dernier dimanche d'octobre. J'en viendrai à l'événement d'octobre dans un instant ; mais d'abord, la Pentecôte.

Il existe une tradition selon laquelle tout le village fait l'ascension jusqu'à la chapelle au sommet de la colline, pour assister à un service spécial – puis pour partager un pique-nique à l'ombre des arbres l'après-midi. Tous ceux qui le peuvent montent à pied. Il y a deux chemins à choisir ; l'un court, étroit et escarpé, l'autre moins incliné, mais plus long. Les voitures peuvent emprunter le chemin le plus large, à condition que le conducteur soit prêt à négocier les ornières profondes dans les virages. C'est surprenant le nombre de véhicules inadaptés – pas du tout de style « tout-terrain » – qui ont fait le trajet ; relativement indemnes.

J'ai rejoint un petit groupe montant par le chemin le plus doux, qui était déjà assez escarpé alors que le soleil commençait à réchauffer la journée, et nous avancions plutôt bien jusqu'à environ un tiers du chemin. Nous venions de passer une petite ferme, très isolée et privée, lorsqu'une oie a décidé de nous rejoindre. Ce n'était pas une oie très amicale, et elle n'aimait pas le petit chien qui accompagnait un couple de notre groupe, mais elle a persisté si bien qu'un ordre hiérarchique s'est établi et nous avons tous continué à monter. L'oie est restée en arrière lorsque nous avons atteint la dernière partie du chemin. Les rochers sont devenus beaucoup plus gros, et c'est toute une escalade pour atteindre l'endroit où la chapelle est perchée au sommet. Plusieurs personnes ont choisi d'éviter l'escalade, et le service, et de rester dans la clairière pour préparer le pique-nique plus tard. Mais l'effort supplémentaire pour atteindre le sommet en vaut vraiment la peine. La vue à 360 degrés, s'étendant à perte de vue jusqu'à se perdre dans la brume, est spectaculaire ! Par temps clair, en faisant un tour complet, on peut voir les Pyrénées, la mer Méditerranée et les chaînes de montagnes au nord.

Émerveillés par la vue, et supposant que l'oie était retournée en arrière plutôt que de trouver son chemin parmi ces gros rochers, nous nous sommes entassés autant que possible dans la chapelle pour le service. L'ancien bâtiment aurait probablement pu accueillir trente fidèles confortablement ; nous étions au moins le double, avec encore plus de monde debout à l'extérieur. Des dames du village étaient montées à la chapelle plus tôt dans la semaine pour la nettoyer et la décorer avec des fleurs fraîches, et aujourd'hui des bougies et le calice pour la communion se tenaient sur le petit autel. À une époque, un moine solitaire vivait là, faisant ses prières et veillant sur le village ; les murs dégagent une atmosphère indéniablement sacrée, et les vestiges écaillés d'une fresque murale depuis longtemps effacée renforcent cela. Le bâtiment de la chapelle est charmant et délicieux, et traité avec un grand respect par tous les villageois. Je pouvais voir sa silhouette au sommet de la colline lointaine en regardant par la fenêtre de ma chambre chaque matin, ce qui me donnait un sentiment réconfortant d'avoir un ange gardien veillant sur moi.

Notre prêtre pour la journée était un homme saint, doux mais fort, ou fort mais doux ; assisté par un jeune moine et une religieuse un peu plus âgée. Nous avions écouté une lecture, chanté un hymne, et étions à plus de la moitié du service lorsque l'oie a fait son apparition. Elle avait trouvé son chemin sur le sentier escarpé et créait maintenant un certain remue-ménage à l'extérieur de la chapelle. En quelques instants, elle avait réussi à s'introduire bruyamment à l'intérieur, battant des ailes et cacardant ; pour être ensuite gentiment reconduite dehors par la délicieuse religieuse, toujours souriante, qui bloqua l'entrée pour éviter toute autre interruption de notre amie à plumes. Après le service, le prêtre est sorti jusqu'à un point sur le sommet de la colline d'où il pouvait voir nos quatre villages, bien en contrebas. Il a béni chaque village à tour de rôle, puis – avec l'oie à ses pieds réclamant de l'attention – il l'a bénie elle aussi.

Nous espérions que la bénédiction aurait pu améliorer l'humeur de l'oie, mais elle est restée aussi embêtante et insistante lors du pique-nique après-service ; sans aucun égard pour l'étiquette du partage de la nourriture. Les pique-niques français sont des affaires incroyablement bien organisées, avec des assiettes, des couverts, au moins quatre plats, et du vin en abondance, bien sûr. Je me sentais légèrement gênée par ma modeste contribution de pizza, coupée en triangles dans sa petite boîte Tupperware, mais je l'ai proposée autour de moi et les gens en ont poliment pris un morceau. J'avais appris à ne rien apporter de « trop original » aux repas partagés. Malgré leur réputation pour la cuisine raffinée, dans mon expérience, la plupart des Français ne sont pas très expérimentaux dans leur approche de la nourriture. Certaines choses sont cuites d'une certaine manière et associées à d'autres choses spécifiques ; si vous pensiez présenter un mélange inattendu, cela pourrait être examiné, reniflé… mais probablement pas consommé !

Peut-être était-ce parce que j'étais une nouvelle venue et que j'apprenais encore à m'adapter à ces approches particulières des petits détails de la vie (des choses que – avant de changer de pays – j'avais cru connaître, après plus de cinquante ans sur cette planète) que j'ai ressenti un certain degré d'empathie pour l'oie. La plupart des gens toléraient ses demandes de grignotages, mais un type laissait son chien aboyer et se jeter sur elle… Ce n'était pas juste ; elle devenait de plus en plus agitée et le chien aboyait de plus en plus fort. Le type et ses amis riaient ; j'étais vraiment en colère. Je me suis levée d'un bond et suis allée la défendre ; leur disant de tenir le chien à l'écart et de la laisser tranquille. Il n'a pas aimé que je lui dise quoi faire devant ses amis, mais heureusement, j'ai fait suffisamment d'erreurs dans mon français approximatif pour qu'ils puissent me rejeter comme « l'Anglaise folle ». Il a éloigné son chien de l'oie, et Magnus m'a emmenée. Je savais que c'était une erreur de risquer de me brouiller avec un voisin, mais je ne pouvais pas rester là sans rien faire. Heureusement, tout le monde avait assez bu pour transformer l'incident en une blague, donc il n'y a pas eu de rancune après notre petite confrontation.

Quand il a été temps de partir, l'oie nous a suivis tout le long de la descente de la colline. Je pense qu'elle ne connaissait peut-être pas le chemin de retour. C'était un après-midi chaud, et le sentier était caillouteux ; je suis sûre qu'elle commençait à boiter. Elle était beaucoup plus silencieuse qu'à la montée, mais si elle avait trouvé une voix, je pouvais l'imaginer demander « on est bientôt arrivés ? » toutes les minutes. Ce serait exagéré de dire qu'elle a poussé un soupir de soulagement quand nous avons atteint le virage menant chez elle ; mais je parie que ses compagnons de mare ont été surpris par ses récits sur le déroulement de son après-midi. Bénie soit-elle ! Oh oui, elle était ~

Chapitre Douze

L'effet d'une Fête

« N'importe quelle excuse pour une Fête ». Ce pays pourrait être agnostique – ou laïc pour utiliser le terme français préféré ; mais peu importe, faire la fête est définitivement une religion alternative ici ! Les grandes villes ont leurs grands événements ; comme le défilé masqué du printemps à Narbonne, et les fêtes massives en août à Béziers, avec de la musique et des discothèques de rue pendant des nuits entières, après les événements de la Feria en journée. Tout ce qui concerne la tauromachie me dégoûte, alors j'ai eu quelques discussions intéressantes sur les traditions culturelles depuis que je vis ici, mais je ne peux nier l'ambiance festive que la Feria apporte à la ville. Il y a une forte influence espagnole, bien sûr, et les démonstrations d'équitation sont vraiment impressionnantes… mais bon, la partie maltraitance animale n'est pas pour moi.

D'un autre côté, j'ai toujours activement cherché la fête qui a lieu le 14 juillet, le Quatorze Juillet. La plus grande fête nationale en France, célébrant la prise de la prison de la Bastille par les révolutionnaires il y a plus de 200 ans. Il n'y a aucun endroit en France où vous pouvez vous cacher pour éviter les festivités à cette date. Je n'en croyais pas mes yeux la première année où j'ai assisté à la mise en scène des vieilles traditions, spécifiques à chaque région, qui ont lieu le 14 juillet. Mon petit ami de l'époque et moi étions sur un camping sur la côte ouest de la France, juste en dessous de Bordeaux, quand un groupe d'hommes, vêtus de gilets en peau de mouton, est sorti en dansant des arbres, sur des échasses d'au moins deux mètres de haut ! Il semble que les bergers utilisent des échasses pour se déplacer plus facilement dans les marais ici depuis des siècles. Je ne suis toujours pas sûre de savoir comment les moutons s'en sortent (avec leurs petites pattes) surtout lorsqu'ils sont alourdis par une toison complète… mais c'est leur secret ; les hommes sur échasses peuvent certainement parcourir de grandes distances à un rythme effréné !

Dans les petits villages comme Saint-Nazaire-de-Ladarez où je vivais, nous faisons la fête le soir du 13 juillet pour pouvoir aller le lendemain soir dans la ville voisine plus grande de

Cessenon et regarder leur spectaculaire feu d'artifice depuis le pont suspendu en fer sur la rivière Orb. Ce n'est pas parce que les festivités ont lieu un jour plus tôt que c'est moins une fête. Absolument pas ! Ce serait une honte pour « le comité des fêtes » du village si la fête était moins que fabuleuse ! Chaque bouchée du menu est discutée et planifiée des mois à l'avance, les tables pliantes sont assemblées et joyeusement décorées dans le parking devant la mairie, avec assez de places assises pour tout le village. Parce que tout le village sera là. Il faut une excuse exceptionnelle pour manquer cette fête !

Le DJ a ses platines installées sur une estrade ; les lumières disco et les enceintes sont installées et testées tout l'après-midi ; l'ambiance est donnée. Rien n'est oublié. Les apéros à 18h annoncent le début de la fête, inévitablement le repas arrive plus tard que prévu, et danser jusqu'à 2 ou 3 heures du matin est tout à fait normal. Des enfants aux grands-parents ; tout le monde participe et c'est une manière charmante et amusante de tisser des amitiés et des liens avec les autres villageois. Ce n'est pas le moment d'être timide ; il faut être prêt à participer aux pas de danse de Y.M.C.A., et essayer de ne pas s'emmêler les pieds en essayant de suivre les pas de la danse en ligne du Madison… ne vous inquiétez pas ! Tout le monde est dans le même bateau, et tout le monde a trop bu pour tenir une caméra stable de toute façon. Les meilleurs danseurs sont inévitablement les couples plus âgés, alors pourquoi même essayer de rivaliser ?

Regardez et apprenez… puis levez-vous et participez. S'il y a des photos, vous ne serez qu'un flou heureux ~ ce qui est aussi la description parfaite de mes souvenirs de ces nuits ! Vos pieds vous feront mal pendant des jours à force d'avoir trop dansé, et votre visage vous fera mal d'avoir souri toute la nuit. Peut-être que votre tête vous fera mal à cause de l'alcool, aussi, bien qu'il y ait quelque chose de spécial dans le vin de cette région… il est possible que vous vous sentiez un peu fragile le lendemain, mais jamais une gueule de bois infernale. Le vin local est tout simplement trop pur pour ça ~

Il y a beaucoup de planification derrière ces Fêtes, et aussi derrière leur programmation. Dans les petits villages, cela fait une énorme différence si les autres villages locaux viennent soutenir leurs événements également. Les vendeurs de stands sont heureux d'avoir plus de clients, les groupes accueillent les plus grand public, et plus il y a de gens qui viennent pour s'amuser, plus l'ambiance est joyeuse pour tout le monde. Par conséquent, un roulement de Fêtes s'est développé au fil du temps, et avec un peu d'attention (en cherchant les affiches sur les lampadaires), il n'y a aucune raison de manquer un certain nombre de soirées amusantes sous les étoiles. Retrouver son chemin, sur de petites routes de campagne, éclairées uniquement par la lumière de la lune, avec l'air chaud de l'été caressant votre visage… ce n'est vraiment pas une corvée d'être le conducteur désigné pour un groupe d'amis, non plus. À condition de garder une vitesse modérée et d'avoir l'œil ouvert pour repérer les familles de sangliers sauvages qui pourraient errer sur leur territoire sous le couvert de l'obscurité.

Une amie a été bouleversée d'avoir percuté un sanglier mâle un soir (en admettant qu'elle roulait trop vite pour rentrer chez elle). Sa voiture « a rebondi sur lui », a-t-elle dit, et il a poussé un cri strident avant de s'enfuir dans les vignes sans se retourner. Elle avait trop peur pour sortir de sa voiture et vérifier les dégâts ; un sanglier en colère – pesant jusqu'à 300 kg – n'est pas à affronter, de jour comme de nuit ! J'ai été déçue de ne pas voir de sangliers sauvages pendant les deux premières années où j'ai vécu dans les collines au nord de Béziers, mais ils se méfient naturellement des humains puisqu'ils sont chassés pendant des mois, avec seulement une brève trêve au printemps lorsqu'ils mettent bas. Quand j'ai enfin eu la chance de voir une laie avec ses petits derrière elle, un soir tard, j'ai été ravie des marques « humbug » des petits. Les marcassins rayés sont mignons, c'est sûr ! Les chasseurs affirment qu'ils causent des dégâts terribles aux vignes, qui sont leur gagne-pain ; et pour être honnête, j'ai vu des photos des ravages que quelques sangliers affamés peuvent faire. Ce qui m'inquiète, c'est que toutes les statistiques sur les dégâts, le nombre de sangliers, etc., sont compilées par les chasseurs. Ne serait-il pas possible qu'un garde-chasse indépendant donne une évaluation impartiale du nombre d'animaux « nécessaires » à abattre ? Et même que des tireurs et garde-chasse professionnels qualifiés s'en chargent... ?

À mes yeux, certains chasseurs prennent un peu trop de

plaisir à leurs parties de chasse régulières. Ils sortent tous les samedis, dimanches et mercredis après-midi pendant la saison, qui s'étend d'août à avril. Il y a eu des plaintes selon lesquelles cela rend la campagne trop dangereuse pour les promeneurs et les familles, avec de nombreux incidents de tirs accidentels signalés chaque année. Pardonnez-moi d'être méchante un instant, mais heureusement, la plupart des accidents impliquent un chasseur touché ; ce qui, pour moi, est « fair play » et même de la « sélection naturelle » … Peut-être que la technique consistant à utiliser une meute de chiens pour débusquer le sanglier de sa cachette, puis à ce que les chasseurs l'encerclent, explique-t-elle quelques-uns de ces accidents ? Par conséquent, de nombreux chasseurs portent désormais des vêtements de camouflage fluorescents ; ce qui est sûrement l'oxymore ultime. Des vêtements de dissimulation haute visibilité ?! Peut-être que les sangliers sont daltoniens ? J'espère sincèrement que non.

On m'a dit que la chasse fait partie de la culture de la région, et que nous devons l'accepter si nous vivons ici. Cela n'aide certainement pas à s'intégrer à la vie du village si vous entamez une discussion sur le bien-être animal au bar local. Pour être honnête, chaque pays que je connais a ses propres activités douteuses impliquant de la cruauté envers les animaux ; il faut simplement choisir les comportements de quel pays vous pouvez tolérer, puis peut-être travailler à éduquer et améliorer les détails, avec l'espoir de changements plus importants avec le temps. Les véritables protestations et désirs d'amélioration doivent être exprimés par les habitants locaux ; personne ne veut qu'un « étranger vienne ici » leur dire comment vivre. « Rentrez chez vous » est la réponse évidente. J'ai appris à ne pas mettre tous les chasseurs dans le même panier ; certains d'entre eux se soucient vraiment de leurs chiens et les gardent dans des conditions décentes – et même ceux qui gardent les pauvres animaux dans des conditions terribles ne comprennent vraiment pas qu'ils sont cruels. Il faut du temps, de la diplomatie et de grandes compétences linguistiques pour tendre la main... et beaucoup de chagrin entre-temps. Tout n'est pas rose dans ces jolis villages.

Mais revenons à des choses plus joyeuses ; le roulement des grandes Fêtes dans les villages autour de Saint-Nazaire-de-Ladarez ressemble à ceci :

Roquebrun, digne d'une carte postale, ouvre la saison avec la Fête du Mimosa le premier dimanche de février. La tradition raconte qu'un moine est venu travailler et étudier dans la ville il y a de nombreuses années. Il a remarqué à quel point le sol était incroyablement fertile, surtout sur la rive droite de la rivière, et avec le temps, il a constaté que la ville bénéficiait d'un microclimat très spécial et doux, qui permettait aux plantes délicates de s'épanouir et à d'autres de fleurir bien plus tôt que dans les environs. Grâce à ses connaissances horticoles, il a planté de nombreux légumes qui ont assuré que les habitants ne souffraient pas de la faim ; il a même planté des agrumes – confiant qu'ils pourraient survivre dans ce climat plus clément. Et puis il a planté quelques mimosas, pour la simple joie de voir leurs branches se remplir de petites fleurs jaune vif et parfumées, annonçant l'arrivée du printemps. Le riche propriétaire terrien, maître de Roquebrun, a été si ravi des résultats abondants du travail du moine qu'il l'a récompensé en commandant la plantation de plus de mimosas, en célébration de la fertilité de Roquebrun.

Cette célébration annuelle a pris de l'ampleur ces dernières années, car de plus en plus de gens veulent participer à la joie de la Fête, et les éclats lumineux des fleurs jaunes apportent une lumière bienvenue à nos yeux après l'hiver court mais pâle. Des légions de mamans, de grands-parents et d'écoliers passent leurs longues soirées d'hiver à fabriquer des fleurs en papier pour décorer des figures élaborées sur des chars géants, tirés par les petits tracteurs John Deere dont le travail diurne se déroule entre les rangées régulières de vignes dans les champs environnants. Chaque année, il y a un thème différent pour les figures, et les enfants exhibent leurs costumes pour compléter l'effet du char. Mais pour moi, les stars du spectacle ont toujours été les petits tracteurs. Chacun est entièrement recouvert d'autant de branches de mimosa jaune qu'il est possible de fixer sur son corps compact – même suspendues au-dessus du pare-brise, de sorte que les conducteurs ont du mal à voir leur chemin dans la rue principale !

La journée commence tôt, avec des stands de marché occupant chaque centimètre disponible de la rue principale et des parkings adjacents. En plus des stands de dégustation de vin obligatoires, animés par des domaines locaux, vous pouvez trouver des rôtisseurs de châtaignes chaudes, des stands de poterie aux couleurs vives, une gamme d'artisanat et de nombreuses gourmandises maison dans de petits pots. Une année, il y avait un homme qui vendait des villages en bois minutieusement détaillés, habilement sculptés à partir d'une seule branche d'arbre, qui se déployaient pour former un petit paysage urbain, puis se repliaient sur eux-mêmes pour ressembler à un simple morceau de bois. J'aurais aimé en acheter plus d'un, et ne pas l'avoir offert en cadeau ! Je l'ai cherché à de nombreuses foires villageoises depuis, mais je ne l'ai jamais revu. Espérons qu'il a inspiré un autre artisan avec sa passion, pour que ses compétences perdurent…

Avec le défilé prévu seulement après le déjeuner, il y a amplement le temps de manger, boire et faire la fête avec des amis. Une fanfare est généralement là pour divertir la foule avec ses interprétations exubérantes de tous les vieux classiques. Ces groupes de musiciens sont étonnamment bons ; peut-être parce qu'ils jouent ensemble depuis de nombreuses années. Ce qui est drôle, cependant, c'est de voir comment la cohésion du groupe se relâche au fil de la journée, à mesure que plus de vin est bu et que l'air de joie de vivre devient de plus en plus joyeux. D'une manière ou d'une autre, ils se tiennent généralement ensemble, et si un gars vacille légèrement, il y a toujours un coude amical pour le remettre sur la bonne voie tandis que la fanfare avance en se balançant dans la rue. Ils ont tous le rythme, et la foule se balance aussi, et pas qu'un peu !

Au moment où les chars décorés apparaissent, la bonne humeur et l'enthousiasme de la foule sont à leur comble, et personne ne s'offusque s'ils ne peuvent pas atteindre par-dessus une mer de têtes pour prendre la photo parfaite. L'important, c'est d'être là. Je salue et applaudis de tout cœur tous ceux qui participent pour leur énergie et leur engagement à organiser ces événements ; mais surtout l'ensemble des danseuses, dans leurs costumes pailletés, souriant radieusement que les vents froids soufflent ou que le soleil brûlant les éclaire.

Il y a quelques policiers municipaux et pompiers sur place pour les exigences de santé et de sécurité, mais je n'ai jamais vu de problèmes ou de troubles lors des fêtes. Pas même lorsqu'une troupe de danseurs, vêtus de longues chemises de nuit blanches à l'ancienne, avec des bonnets de nuit assortis, fait irruption sur la scène et utilise des soufflets pour projeter de grands nuages de farine sur les nouveaux venus dans la foule ! L'histoire dit que cela porte chance pour l'année à venir, donc certains habitants locaux accueillent avec plaisir la farine étalée sur leur visage et dans leurs cheveux ~ Il faut vivre toute une vie dans ces villages pour entendre toutes les histoires derrière toutes les traditions ; j'ai juste appris à m'attendre à l'inattendu lors de tout rassemblement social ! Ce qui est aussi génial à noter, c'est que les rues ne sont jamais laissées jonchées de déchets par la suite. Les petits endroits semblent générer une plus grande conscience communautaire.

Un autre de nos voisins, Cessenon-sur-Orb, embrasse également l'esprit festif avec un grand enthousiasme. Non seulement ils ont une sélection de musiciens et de groupes prêts à remplir la place principale, apportant des divertissements estivaux pour les vacanciers du camping au bord de la rivière, mais ils ont aussi quelques fêtes plus particulières chaque année. L'une est une célébration de tout ce qui est lié au cochon, avec une course de porcelets générant une frénésie de paris parmi les parieurs passionnés. Le porcelet gagnant, à la fin des courses, est offert à une personne chanceuse pour qu'elle l'emmène chez elle et le chérisse... enfin, c'est ce que j'aime me dire, en tout cas.

Les habitants de Cessenon sont spéciaux. Ils peuvent afficher une attitude quelque peu « téméraire » face aux contraintes de la vie, qui commence peut-être dès leur plus jeune âge. Le camping au bord de la rivière mentionné précédemment est situé à un méandre de la rivière, juste avant le pont en fer que certains disent être une conception précoce de M. Eiffel avant qu'il ne se lance dans des projets plus grandioses à Paris... Quoi qu'il en soit, il y a une plage parfaite, en pente douce, entre le camping et la rivière, avec des zones peu profondes pour que les petits puissent jouer en toute sécurité. La rivière principale peut couler avec un courant assez fort, mais il y a suffisamment d'endroits peu profonds pour que les familles puissent passer des journées heureuses sur ses rives sans aucun souci. En face de la plage, cependant, se dresse un haut mur de pierre, d'au moins quatre mètres de haut, au-dessus duquel les rues principales de la ville montent sur le flanc de la colline.

Nous avons surnommé les jeunes locaux qui sautent de ce mur les Pirates de Cessenon, car ils synchronisaient souvent leurs sauts téméraires avec le passage des touristes en kayak en dessous d'eux. La première chose que ces vacanciers insouciants savaient de l'existence des Pirates, c'était lorsqu'ils plongeaient dans l'eau aussi près que possible de leurs kayaks, projetant une grande gerbe d'eau et riant en faisant – littéralement – tanguer leurs embarcations ! Pour certaines personnes, ces gamins étaient une petite nuisance ; pour la plupart d'entre nous, ils étaient un grand divertissement lors des après-midi chauds et paresseux, alors qu'ils perfectionnaient leurs vrilles, plongeons et chutes dans les poches d'eau profondes sous le mur escarpé. Le Pirate le plus élégant et courageux de tous, pendant les années où je l'ai vu, était une fille mince et souple qui a porté ses compétences en plongeon et en vrille à un autre niveau. Les garçons étaient unanimes dans leur respect ; certains ont essayé de copier certains de ses mouvements, la plupart restaient en admiration. Je n'ai aucune idée de qui elle était, ni où elle est maintenant, mais elle était une véritable star qui a suscité des applaudissements spontanés de la part de Nous, la foule sur la plage, à plus d'une occasion.

L'autre journée folle spécifique à Cessenon est la course de caisses à savon. Avec une rue étroite, courte mais commodément pentue, débouchant sur la petite place à côté du point d'eau principal du village – notre bar et café préféré, le Helder – est un endroit évident pour encourager les casse-cous à créer leur propre char à roues pour dévaler la pente à toute allure ! Il y a des règles et des exigences strictes concernant la construction de ces « véhicules » personnalisés… mais après avoir vu des choses comme un faux bus à impériale, un sommier métallique et le kart en forme de balle le plus fragile qui soit, je ne peux pas vous dire quelles sont ces règles. Il faut qu'il ait des roues, c'est tout ce que j'ai réussi à confirmer jusqu'à présent. Et le conducteur/passager doit avoir une bonne dose de courage, de bravoure ou d'alcool en lui ! Pour une catégorie de kart, qui a un certain style et un certain degré de professionnalisme, les pompiers utilisent leur gigantesque lance à incendie pour rendre la zone d'arrivée un peu plus glissante. Les jeunes conducteurs rivalisent alors pour effectuer les virages les plus spectaculaires en freinant à main lorsqu'ils arrivent à toute vitesse devant la foule à la fin de leur course. Un mur de vieux pneus de voiture sert de barrière de sécurité ; personne ne semble s'inquiéter, et c'est complètement dingue ! J'ai hâte de revenir l'année prochaine et de revoir tout ça…

Alors, comment Saint-Nazaire-de-Ladarez clôt-elle la saison festive des villages parmi les collines ? Comment suivons-nous la Fête des Grenouilles ; un autre favori estival à Saint-Géniès-de-Fontedit ? Eh bien, nous avons notre Fête des Noisettes, fortement traditionnelle, voilà comment. Le troisième dimanche d'octobre, chaque année, nous avons été bénis par un ensoleillement automnal glorieux, apportant une chaleur agréable à une belle journée.

Avec les stands qui s'installent tout autour du village, mes voisins Magnus et Outi proposent un menu spécial pour le déjeuner dans leur restaurant, tandis que Christophe et Valérie arrêtent de faire des pizzas pour la journée et offrent plutôt des burgers, des saucisses et des frites à leur bar agrandi.

Une impressionnante procession des Confréries commence la journée. Ce sont les organisations représentant les métiers et les moyens de subsistance associés à chaque village. Leurs représentants portent fièrement les costumes traditionnels dénotant leurs compétences de boulangers, bouchers, couturiers, etc., et chacun porte une bannière montrant l'emblème et le nom de leur Confrérie. C'est l'occasion de faire un pas en arrière dans le temps pour un moment, et de reconnaître les compétences de vie qui faisaient la différence entre la vie et la mort des gens de cette époque. Je me suis sentie honorée et humble d'être en présence de cette histoire vivante, et l'atmosphère dans la vaste église pendant le service et la bénédiction était intense et exaltante.

Comme je l'ai déjà mentionné, la pâtisserie spéciale de notre village est l'Avelano ; composée de noisettes, de pommes, d'agrumes et d'épices dans une combinaison secrète transmise de génération en génération dans les recettes. Certaines versions ont également cette touche de Pastis ajoutée, pour donner une effervescence traditionnelle française. À la Fête de la Noisette, il y a des occasions de goûter à plusieurs avelanos différents, ainsi que de participer à tous les autres divertissements. Avec du théâtre de rue, des compétitions pour enfants impliquant des jeux en bois, et le mélange habituel de dégustation de vin, de produits régionaux et de stands d'artisanat... la journée passe étonnamment vite. Il y a même un chapiteau contenant de nombreuses poules de race et lapins de pedigree, avec la possibilité d'admirer les meilleurs spécimens, si c'est votre passion.

Un certain nombre de villages ont un animal totem, lié à une tradition locale particulière. Un moment clé de l'après-midi est la procession de ces effigies animales, accompagnée par une autre fanfare bruyante, convenablement « lubrifiée ». La place et la rue principale sont remplies de spectateurs. Nos voisins de Bessan ont un cheval comme animal totem, donc à plus d'une occasion, le cheval performeur de Bessan a été un point culminant de la fête. Le cheval est une énorme construction en bois, soutenue en dessous par quatre ou cinq gaillards robustes de la ville ; les Bessan Boys. Je crois que c'est peut-être une marque de virilité d'être choisi comme homme-cheval ~ Ils sont guidés par un autre gars, avec un long fouet qu'il claque sur le sol à intervalles réguliers. À ce moment-là, le cheval se dresse verticalement au-dessus des têtes des hommes. C'est vraiment une prouesse surprenante de force et d'équilibre. Ils en font tout un spectacle ; les yeux des enfants sortent de leurs orbites et tout le monde dans la foule s'exclame « waouh ! »

L'animal totem de Saint-Nazaire est l'écureuil. Ce qui peut sembler moins impressionnant que le cheval performeur, mais je l'apprécie beaucoup depuis que j'ai entendu l'histoire racontant comment, un hiver, il y a de nombreuses années, le village de Saint-Nazaire était recouvert d'une épaisse couche de neige, et les villageois étaient désespérés et affamés. La légende dit que les écureuils sont sortis des arbres environnants, apportant avec eux leur réserve de noisettes qu'ils avaient si sagement stockées… Ils ont partagé leurs noisettes avec les villageois, qui ont créé la pâtisserie nourrissante de l'Avelano, leur sauvant la vie. En signe de gratitude éternelle, tous ceux qui vivent à Saint-Nazaire jurent de ne jamais nuire ou tuer les écureuils. N'est-ce pas charmant ?

Chapitre Treize

Gagner sa vie et prendre soin de soi

On pourrait vous pardonner de penser que la vie dans les collines françaises est une grande fête. C'est certainement amusant et incroyablement varié, mais à moins d'être financièrement à l'aise ou déjà à l'âge de la retraite, il y a aussi le défi de gagner suffisamment d'argent pour s'en sortir ~

Quand j'étais en Angleterre, mes idées sur la façon dont je survivrais en France étaient plutôt vagues, mais optimistes. J'avais parfois gagné de l'argent en tant qu'indépendante en compilant les déclarations financières annuelles pour quelques amis également indépendants. Je pensais que je pourrais peut-être faire quelque chose de similaire dans mon nouveau village, éventuellement pour quelques propriétaires de vignobles s'ils n'étaient pas friands de paperasse ? Eh bien, c'était une idée saugrenue ! Peut-être que si j'étais comptable, ou si je parlais français, ou si je connaissais un peu le système fiscal français, j'aurais pu être utile à quelqu'un ; mais par essence, je crois qu'il faut connaître une personne depuis au moins vingt ans avant qu'elle ne vous fasse confiance avec ses affaires financières personnelles. Apparemment, en France, il est considéré comme très impoli de parler des affaires financières d'une personne. Cela ne les empêche pas, cependant, de poser cent questions bien trop personnelles sur votre vie, votre argent et vos affaires... mais c'est comme ça que ça fonctionne dans de nombreux cas ; une règle pour les Français, une règle pour les « étrangers ». Ce n'est pas impoli ou hostile ; c'est juste comme ça. Comme allumer un feu de joie pour brûler vos déchets de jardin ; il y a des moments où vous pouvez, et des moments où vous ne pouvez pas... qui n'ont aucun rapport avec les moments où votre voisin français peut ou ne peut pas ! Il faut juste apprendre le haussement d'épaules à la française ; sourire, et l'accepter ⁓

Un autre de mes plans pour gagner de l'argent avait été de louer deux de mes trois chambres à des vacanciers, via le site AirBnB qui m'avait tant impressionnée lors de mon voyage de recherche de maison l'année précédente. Cependant, je n'avais pas pris en compte le fait qu'il n'y a pas beaucoup de voyageurs de passage à Saint-Nazaire-de-Ladarez, et que ceux qui venaient se dirigeraient probablement directement vers le Bed & Breakfast, avec restaurant attenant, tenu par mes nouveaux amis Magnus et Outi. Il y avait bien sûr quelques vacanciers indépendants qui préféraient d'autres types d'hébergement, et j'ai effectivement eu de temps en temps des gens qui passaient la nuit chez moi – ce qui était amusant et varié, mais on pouvait compter le nombre de réservations pour l'année sur les doigts d'une main. Et de toute façon, je n'ai jamais vraiment réussi à me sentir à l'aise en faisant payer des invités pour rester chez moi ; j'étais simplement heureuse d'accueillir des visiteurs et de partager les joies de ma vie simple pendant quelques jours.

Je devais cependant faire quelque chose de plus. Mes calculs approximatifs sur la durée pendant laquelle mes économies dureraient, basés sur la valeur de vente de ma maison au Royaume-Uni par rapport au prix d'achat de ma maison en France, n'avaient pas pris en compte quelques éléments : Premièrement, le taux de change de la livre sterling par rapport à l'euro a considérablement baissé dans les quelques mois entre « Je la prends » et « Maintenant je vais payer »… en partie à cause du référendum écossais sur leur souhait de prendre leur indépendance du Royaume-Uni. Cela avait été déstabilisant de soudainement réaliser que ma sécurité pour l'avenir prévisible dépendait de la façon dont les adolescents écossais pouvaient être influencés. Les transactions avec mon courtier en devises en octobre 2014 n'étaient plus « cool », elles étaient carrément « déstabilisantes » – à tel point que j'ai perdu mon sang-froid et emprunté une somme d'argent à un cher ami, comme une avance sur l'argent que je devais recevoir pour ma maison, juste pour pouvoir sécuriser au moins un pourcentage du paiement à un taux de change favorable. En fin de compte, le taux n'a pas chuté aussi bas qu'il aurait pu, mais c'est pourquoi je n'ai jamais tenté de faire des transactions sur un quelconque marché depuis. Je n'ai tout simplement pas le cran pour ça ! On ne pourrait jamais m'appeler une « joueuse heureuse », même si mon père, mon grand-père et mon frère aîné étaient tous prédisposés à gaspiller leur argent durement gagné de cette façon. Ça doit être un dysfonctionnement génétique masculin dans ma lignée familiale !

Deuxièmement, malgré les implications qui m'avaient été poliment expliquées lorsque j'ai entamé ma frénésie d'achat de maison, pour être honnête, je n'avais pas vraiment saisi les mathématiques derrière le calcul des frais de notaire, plus la taxe d'achat française. J'avais été tellement séduite par la façon dont les transactions immobilières fonctionnent en France : cela semblait un système si civilisé, que l'acheteur et le vendeur partagent un conseiller juridique indépendant – le notaire – qui est employé par l'État pour fournir des conseils impartiaux. Acheter une propriété n'est pas une transaction conflictuelle, alors pourquoi aurions-nous besoin de deux avocats ? Il est très clairement indiqué qui paie quoi, et comment chaque chiffre est calculé ; il suffit de se concentrer. Mais peut-être que j'avais un cas de surcharge d'informations, ou de surdité, à ce stade ? Quoi qu'il en soit, l'effet combiné de ces deux circonstances signifiait que mon « petit pécule » pour me garder en sécurité, du moins dans les premiers temps, avait plus la taille d'un œuf de caille que d'un œuf d'aigle.

Il y avait tellement d'aspects positifs dans ma nouvelle situation : la maison était en excellent état, donc je n'aurais pas à gérer ni à payer pour des travaux de construction ; je possédais une voiture plus récente que jamais, qui avait été révisée et testée, et qui semblait solide et fiable ; et il ne coûte rien de marcher dans les collines ou de s'asseoir dans le jardin… Au début, je n'étais pas excessivement préoccupée par mon petit pécule d'argent de réserve. J'avais choisi de travailler à temps partiel au Royaume-Uni pendant plusieurs années, donc j'étais habituée à vivre de manière frugale.

Une première opportunité de gagner un peu d'argent s'est avérée aussi amusante que frustrante… Un Anglais cherchait de l'aide à temps partiel pour son magasin nouvellement ouvert en ville, à seulement vingt minutes en voiture de Saint-Nazaire. « Parfait ! » ai-je pensé. Et cela aurait pu l'être. Si l'homme en question avait eu de meilleures compétences relationnelles et une meilleure gestion du temps. Il était certainement un entrepreneur débrouillard, et son entreprise a prospéré, mais je crois qu'il a vu passer un nombre assez élevé d'employés dans le processus. J'avais eu un aperçu de son caractère avant d'accepter de travailler pour lui, et le rythme paisible de ma vie française avait adouci mon attitude auparavant plus professionnelle, donc j'ai pu suivre le mouvement au début, mais cela ne pouvait pas durer ! Nous convenions d'une heure pour que je me présente au magasin ; par exemple, le mardi après-midi. J'arrivais à l'heure prévue ; les portes étaient fermées et il était injoignable. Après avoir attendu une demi-heure environ, j'abandonnais et rentrais chez moi. Quand je l'ai finalement joint au téléphone, le mercredi soir, la conversation était à peine croyable :

« Je suis venu travailler hier, et je n'ai pas pu entrer »

« Ouais, désolé, chérie, j'ai oublié »

« J'ai essayé de t'appeler »

« Mon téléphone était éteint »

« Tu aurais pu me rappeler ? J'ai laissé un message »

« Je ne suis pas très doué pour écouter les messages ».

Une autre fois, je suis arrivée et il y avait un autre employé pour ce créneau. Le patron était là : « Désolé, chérie, il ne pouvait travailler qu'à cette heure, donc j'ai réorganisé les horaires ». « Tu aurais pu m'appeler. J'ai mis mon numéro dans ton téléphone la dernière fois ». « Ouais, désolé, chérie, mais je ne me souvenais plus de ton nom ». « !! »

Il n'a jamais retenu mon nom. En fait, il y a très peu de

prénoms féminins qu'il se souvient. Nous sommes toutes « chérie ». Ou parfois « ma chère » quand il essaie d'être particulièrement charmant.

Même en souriant gentiment et en avalant chaque parcelle de fierté féministe qui bouillonnait en moi, je n'ai pas pu faire face à sa litanie d'excuses pour ne pas me payer régulièrement. « J'ai perdu ta facture », « J'ai perdu mon chéquier » et « Le distributeur de billets ne fonctionne pas » m'ont inspiré à trouver une autre solution. Nous vendions de la peinture et des pinceaux, et l'extérieur de ma maison avait besoin d'une nouvelle couche de peinture ; nous avons convenu que je pouvais prendre mon salaire en marchandise. Il n'y a eu aucune rancœur quand je lui ai dit que j'étais trop occupée pour m'adapter aux horaires qu'il proposait, et chaque fois que je passe au magasin maintenant, je suis accueillie par un « Bonjour, chérie ». Il ne se souvient toujours pas de mon nom. Il faut en rire.

Finalement, ma principale source de revenus dans mon nouveau pays d'accueil est arrivée plutôt par hasard ; une amie qui nettoyait des maisons de vacances avait besoin d'aide un week-end – elle avait pris trop de propriétés – donc elle m'a payée pour en nettoyer une pendant qu'elle s'occupait d'une autre. Ce n'était pas quelque chose que je n'avais jamais fait pour de l'argent auparavant, mais nettoyer, c'est nettoyer, et tout s'est bien passé. Elle était satisfaite de mon travail, et ainsi a commencé ma nouvelle carrière peu glamour dans le Sud de la France. Je n'ai jamais été une déesse du foyer, mais je suis une travailleuse consciencieuse ; le principal défi à chaque fois était de rendre ces grandes villas de vacances parfaitement propres dans le court laps de temps imparti. J'ai une amie particulièrement méticuleuse au Royaume-Uni, dont la maison est toujours impeccable, donc en terminant chaque pièce, je faisais une vérification finale en me demandant : « Amanda serait-elle satisfaite de cela ? » L'autre conseil utile qu'on m'avait donné était « regarde en l'air » … donc je n'ai pas oublié les toiles d'araignées révélatrices non plus !

Réalisant que je devais faire les choses correctement, et voulant rester une résidente « irréprochable » dans mon nouveau pays d'accueil, j'ai demandé à un conseiller financier de soumettre les documents nécessaires pour que je puisse travailler légalement en tant qu'indépendante en France. L'un des meilleurs conseils qu'il m'a donnés, ainsi que son collègue, était de m'inscrire sous la catégorie « Conseil et Communication » – car c'était l'une des rares catégories qui n'exigeait pas de suivre un cours de cinq jours, en français, pour prouver ses compétences dans le domaine. Comment peut-on être mesuré ou jugé quand on propose des « conseils et de la communication » ? J'avais suggéré d'être répertoriée comme secrétaire – car cela couvrirait tout travail de bureau que j'espérais encore trouver – mais non, pour cela, il aurait fallu passer des tests de dactylographie et d'autres compétences de bureau en français. J'avais légèrement dépassé le stade du « bonjour » et du « croissant », mais c'était encore très tôt… « Conseil et Communication », ce serait donc ça.

Faire ce premier pas dans Le Système a mis les choses en mouvement ; notamment le processus de demande d'une Carte Vitale. Mon amie Sue, qui vit dans les Pyrénées, m'avait dit que c'était la carte en plastique la plus précieuse que je puisse jamais posséder… J'étais donc impatiente et excitée à l'idée de recevoir la mienne. On m'avait dit que le délai moyen, de la demande à la réception de la carte, était de dix mois – alors essayez de rester en bonne santé en attendant ! Il existe différents systèmes pour les salariés, ainsi que pour les retraités ; il est vraiment préférable de demander des conseils professionnels et de bien faire les choses.

Ma première déclaration de revenus, lors de ma première année de vie en France, s'élevait à la somme vertigineuse de 100 euros. J'étais si fière d'avoir été payée pour faire quelque chose (en l'occurrence, un plan d'aménagement de bureau), mais je sentais que mon conseiller financier commençait à réaliser que je ne serais pas l'Auto-Entrepreneur la plus rentable de sa liste de clients.

En plus d'utiliser mes compétences en dessin pour gagner ce premier paiement, j'ai réussi à trouver un peu de travail de bureau, numériser et photocopier des documents, de manière ponctuelle pour un travailleur indépendant à Béziers. Mais l'année suivante, mon principal revenu provenait du nettoyage de maisons le samedi – le jour de changement reconnu pour toutes les locations de vacances. Lorsqu'un groupe de clients part à dix heures du matin et que le suivant arrive à quatre heures de l'après-midi, c'est une pression très réelle de tout faire au niveau de qualité requis ; surtout quand on travaille par des températures approchant les quarante degrés. J'étais reconnaissante pour l'argent, mais après une saison, je cherchais désespérément un autre travail. Même me rafraîchir dans la magnifique rivière Orb par la suite ne suffisait pas à redonner du souffle à cette « dame qui fait tout » ; et je ressentais chaque centimètre de mes cinquante ans et plus ! Après un après-midi en larmes à courir pour nettoyer deux maisons à Roquebrun, j'ai juré de ne plus jamais accepter un travail de nettoyage dans cette ville. Les maisons sont construites sur les pentes abruptes, et les escaliers intérieurs sont souvent taillés à la hache dans la pierre locale. C'était un cauchemar physique pour mes vieux genoux fatigués de traîner l'aspirateur de haut en bas… Même flotter dans les eaux fraîches de la rivière pendant une heure après n'a pas aidé, et j'ai eu du mal à marcher correctement pendant les deux jours suivants. Quelle absurdité ! Qu'est-ce que je me faisais subir ?

Malgré le fait de vivre dans une si belle campagne, avec un air pur et frais et en passant de nombreuses heures saines à marcher sur le thym et à nager dans des eaux claires, mon corps commençait à me poser quelques problèmes que je n'avais pas anticipés. Heureusement, j'avais commencé la demande de Carte Vitale ; avec un numéro de sécurité sociale temporaire, j'étais au moins couverte pour les besoins médicaux de base. D'après ce que j'ai compris du fonctionnement (jusqu'à présent), voici ce qui se passe : vous allez chez le médecin, vous avez une consultation et ils acceptent ensuite de vous prendre comme patient. Vous payez environ vingt-cinq euros par consultation, puis 70 % de ce montant vous est remboursé par l'État. Vous pouvez souscrire une assurance « Mutuelle » pour couvrir le solde de vos frais médicaux… bien que chaque assureur et chaque police soient différents, il est donc incroyablement difficile de les comparer. En fin de compte, plus vous payez, plus le niveau de couverture est élevé, mais – comme pour tout – il est payant de faire le tour des offres lorsque vous en avez le temps et la capacité mentale. J'ai changé d'assureur après quelques années, avec l'aide d'une amie plus sage et plus au fait des choses françaises, et maintenant j'utilise le « bonus de fidélité » comme excuse pour rester avec eux. Pour être honnête, c'est principalement pour simplifier ma vie et ne pas trop solliciter mes petites cellules grises.

Si vous avez besoin de médicaments, le médecin vous délivre une Ordonnance que vous apportez ensuite à la pharmacie, et un processus de paiement similaire s'applique, avec les remboursements de la Carte Vitale et de la Mutuelle qui suivent. Les pourcentages changent pour les soins dentaires et les besoins optiques ; les séjours à l'hôpital relèvent d'une catégorie unique, mais j'espère que cela vous donne au moins une idée de ce à quoi vous attendre. Dans l'ensemble, mes expériences ont été très impressionnantes ; les compétences et les soins médicaux en France sont excellents, et le temps d'attente pour les rendez-vous est presque inexistant. La seule exception est au cabinet du médecin, où je vous conseillerais d'apporter un très bon livre. Et je donnerais le même conseil pour les rendez-vous chez le coiffeur. Les Français sont très sociables et aiment discuter, ce qui peut être un excellent moyen d'améliorer vos compétences linguistiques et une manière intéressante de passer le temps dans la salle d'attente. Malheureusement, lorsqu'ils sont avec le professionnel que vous attendez tous de voir, ils ont une conversation tout aussi longue et approfondie. Les Britanniques ont tendance à être socialement conscients qu'ils « retardent tout » en prenant trop de temps ; les Français, eux, en sont parfaitement inconscients. Peut-être est-ce un sens inné de l'égalité, issu de leur doctrine de « liberté, égalité, fraternité », et peut-être est-il plus sain de prendre tout le temps dont on a besoin, puis de laisser les autres faire de même ? Je sais que nous, les Britanniques, nous excusons beaucoup trop ; c'est un autre trait national qui peut déconcerter nos voisins européens.

En parlant de déconcerter les professionnels de la santé français ; j'ai vécu une expérience intéressante lors d'un test de vue dans un centre médical français... Les choses n'avaient

pas bien commencé, car je n'arrivais pas à trouver le bâtiment !
C'est une grande structure moderne avec une énorme enseigne
proclamant « Centre de Soins Optiques », mais l'enseigne n'est
visible que si vous arrivez d'une certaine direction. En venant
de l'autre côté, toutes les enseignes sont cachées par des arbres
envahissants. C'est très injuste. Psychologiquement, j'avais
l'impression d'avoir déjà « échoué ». Cependant, après avoir
trouvé le bâtiment et réussi à négocier les premières étapes des
tests qui, je suis sûre, sont communes dans le monde entier
(un souffle d'air dans l'œil, repérer le point rouge/vert, etc.),
j'ai progressé vers la troisième salle d'attente et j'ai contemplé
le prochain test. Nous partageons le même alphabet que de
nombreux autres pays, bien sûr, mais notre prononciation de
chaque lettre est particulière à notre langue. En suédois, les sons
pour Y et J sont inversés, ce qui fait que mon petit ami m'aide
gentiment à enfiler ma « yacket ». En français, E se prononce
comme I, et G comme J, et vice versa. Dans ces conditions
de test, mes compétences linguistiques sont devenues un peu
chancelantes. Je suis reconnaissante de ne pas être repartie avec
des lunettes aussi épaisses que des fonds de bouteille à cause de
mes erreurs d'identification des lettres ! L'assistante n'était pas
amusée non plus à la fin du test, lorsqu'elle m'a présenté une
page de texte dont la taille diminuait. Quand elle m'a demandé
quel paragraphe je pouvais lire facilement, j'ai répondu : « le
numéro quatre, mais s'il vous plaît, ne me demandez pas de le

traduire ». Je pouvais voir les mots, et les lire – mal – mais le sens m'échappait.

Un détail amusant lié à l'industrie de la santé est lié à l'abondance de pharmacies dans tout le pays. Il y a quelques années, le gouvernement français voulait introduire une modernisation de l'orthographe pour un certain nombre de mots ; en partie en réponse au langage SMS des jeunes utilisateurs de téléphones et en partie comme l'évolution naturelle qui se produit dans toutes les langues. Il y avait une directive pour remplacer la grande majorité des « ph » dans l'orthographe des mots par la lettre plus simple « f ». Le mot pharmacie n'a cependant pas été changé, car il aurait été bien trop coûteux de modifier l'enseigne de tous ces points de vente disséminés aux quatre coins de la France !

Chapitre Quatorze

La santé, c'est la richesse

Prendre un bus avec deux béquilles après mon opération de remplacement du genou en 2013 a renforcé ma conviction qu'entendre parler des problèmes de santé des autres est généralement peu intéressant. Être un public captif, reconnaissant d'être assis, et essayer de planifier à l'avance pour descendre du bus au bon moment a probablement diminué ma volonté d'écouter, mais franchement : quand quelqu'un commence son histoire de santé complète par "ah, vous avez des béquilles ; je comprends ; je me suis démis un doigt il y a quelques années…", vous savez que vous êtes partie pour une longue histoire - Je ferai donc de mon mieux pour être bref en partageant mes moments d'éveil personnels concernant le système médical français.

Ma mère tenait absolument à ce que je m'inscrive chez un médecin avant sa première visite. Ce qui pourrait sembler indiquer qu'elle était plus préoccupée par elle-même que par sa fille, mais comme elle a une fâcheuse tendance à avoir des accidents improbables lors de ses explorations, elle faisait simplement preuve de sagesse. Une fois, sa langue entière a enflé de manière spectaculaire après qu'elle avait eu mordu dans un sandwich de pique-nique sans remarquer qu'elle avait en fait posé le sandwich à côté d'une plante épineuse quelques instants auparavant. Personne ne s'attend à une épine dans la langue en mangeant un sandwich au pâté et à la tomate… heureusement, elle avait des glaçons dans son gin-tonic, ce qui a réduit le gonflement de manière très efficace.

Ma priorité avait été d'inscrire Fred et Barney chez un vétérinaire recommandé ; heureusement pour Maman, il y avait un cabinet médical un peu plus loin sur la route, donc sa priorité a été satisfaite elle aussi. Le médecin était en fait une femme très détendue et anglaise nommée Sarah, ce qui m'a immédiatement rassurée. Est-ce moi, ou y a-t-il quelque chose dans le fait de traiter avec une personne qui partage votre nom qui inspire un sentiment immédiat de camaraderie ? Je me suis toujours sentie à l'aise parmi les Sara et les Sarah… avec 95 % de validation, jusqu'à présent.

Enfin bref, la visite de Maman est passée sans incident – hourra ! – et j'ai emmené Les Garçons pour leur contrôle annuel et leurs vaccins avant même d'avoir besoin de consulter le Docteur Sarah moi-même. J'allais apprendre qu'à chaque fois que l'on entre dans une salle d'attente (humaine ou animale) pour quelque raison que ce soit, l'étiquette correcte est de dire "bonjour M'ssieur-Dames" comme un "Bonjour" général à tout le monde, et "au revoir M'ssieur-Dames" en partant. J'adore cet aspect du comportement français – "la politesse avant tout" – la politesse avant tout. Cela s'applique même lorsque vous croisez quelqu'un en marchant sur la route ; il ne suffit pas de lancer un "Salut" négligent par-dessus votre épaule en continuant à avancer. Vous devez idéalement vous arrêter, établir un contact visuel, correctement, et dire "bonjour, comment ça va ?". Et vous devez également attendre la réponse. Même si la réponse acceptée est "Ça va" à laquelle vous pouvez également répondre "Ça va" – tout est dans l'intonation – vous devez quand même rester dans cette mini-conversation si vous ne voulez pas être considéré comme impoli.

L'une des premières expertes médicales que j'ai vues, après le Docteur Sarah, était une dame spécialiste de la peau d'une pâleur exquise, qui m'a rassurée de manière formidable lorsque je me suis excusée pour mon vocabulaire limité et peut-être ma mauvaise prononciation. Elle m'a dit que le français parlé par une étrangère sonnait très "exotique" à ses oreilles ! Avec ce simple cadeau d'une image verbale si positive, j'ai été encouragée à parler davantage. J'espère qu'elle a réalisé la différence que ses paroles bienveillantes ont faite. Cela dit, malgré mon courage dans de nombreux autres domaines de ma vie, quand il s'agit de faire face à des besoins médicaux, je redeviens toujours une enfant inquiète ; intérieurement, même si ce n'est pas visible. Au début, j'essayais souvent de demander à un ami francophone de m'accompagner à mes rendez-vous ; parce que j'avais besoin de leur aide pour la traduction, c'est sûr, mais aussi parce que cela aidait énormément d'avoir une épaule sur laquelle m'appuyer lorsque je me sentais petite et vulnérable.

Le premier épisode médical est survenu parce que mon amie Helen m'avait invitée à assister à ses séances de yoga hebdomadaires. Son rire joyeux lorsque j'ai protesté que je ne me pliais vraiment pas très bien s'est accompagné de son explication qu'elle et ses élèves appelaient le cours "yoga pour les non-souples"... alors j'ai pensé que je pourrais m'intégrer sans problème. Cependant, à la fin de la première séance, Helen m'a confié qu'elle était inquiète de voir à quel point j'étais "non-souple" et a dit qu'elle se sentirait bien plus en confiance pour créer un programme pour moi si je faisais vérifier mes genoux par un médecin d'abord. Par chance, il s'est avéré que le Docteur Sarah s'était spécialisée dans les problèmes liés aux os avant de s'installer en médecine générale. Elle comprenait ce que c'était que d'avoir un genou en métal, et elle savait aussi comment un genou "normal" devait fonctionner. Le mien ne le faisait pas.

J'avais eu une occasion antérieure de tenter un mouvement de yoga de mon propre chef, en apprenant le fonctionnement de la piscine publique de Béziers. Mes expériences ici avaient été mitigées. D'abord, un sentiment de réussite lorsque j'ai réussi à communiquer suffisamment bien avec la réceptionniste pour découvrir qu'il était moins cher d'acheter un carnet de dix tickets plutôt que de payer séance par séance. Rapidement contrebalancé par un sentiment de découragement (littéralement) en plongeant dans la piscine à ce que je croyais être le petit bain, pour découvrir qu'elle avait la même profondeur (profonde) sur toute sa longueur. Mais c'était les vestiaires qui m'ont le plus déconcertée. On entrait dans sa cabine individuelle d'un côté, et on sortait par une porte face à l'autre côté ; comme un accès séparé entre le hall d'entrée et la zone de la piscine. Pendant les trois premières semaines, j'ai fait de mon mieux pour adopter une attitude détendue face à l'absence de serrures sur les portes, pensant que les Français étaient simplement moins préoccupés par le risque d'intrusion. Et puis j'ai repéré les poignées de fermeture, soigneusement rangées sous le banc ! Ce qui était difficile, c'était la nécessité de tourner les deux poignées en même temps. En équilibre sur une jambe, avec l'autre jambe tendue derrière et un bras tendu vers l'avant, j'ai finalement réussi à obtenir le statut de « porte verrouillée ». À ce jour, je n'ai aucune idée de comment les personnes moins grandes que moi y parviennent.

Revenons à mon problème actuel de genou : j'avais eu de la chance dans mon moment de détresse. Le Docteur Sarah m'a référée à l'un des meilleurs chirurgiens du genou en France. Cet homme était responsable de la réparation du genou du footballeur Messi ! Si j'allais avoir besoin de soins de classe mondiale pour mes jambes, j'étais entre de bonnes mains. Ma super copine Pam s'est proposée pour m'accompagner et jouer le rôle de traductrice lors de la consultation, et j'ai méticuleusement préparé une liste de questions à l'avance, au cas où mon cerveau se brouillerait le jour J.

Pam est une de ces personnes légères et chaleureuses qui est non seulement très gentille, mais qui cherche toujours à s'amuser dans chaque situation. Peut-être que cela vient des années passées à enseigner à de jeunes enfants ; ou peut-être est-elle simplement une personne naturellement joueuse. Elle est définitivement une bonne personne à avoir à ses côtés quand on se sent un peu effrayée et fragile. Nous avons ri ensemble de la vie en général en conduisant jusqu'au rendez-vous, et nous sommes arrivées à l'hôpital moderne et plutôt impressionnant de bonne humeur. Pam m'a laissé pratiquer mon français en confirmant avec la réceptionniste que j'étais là pour mon « rendez-vous », ce qui me semblait bien plus exotique qu'un « appointment ». Nous nous sommes ensuite assises à bavarder tranquillement dans la salle d'attente bondée. De temps en temps, la porte s'ouvrait et un médecin très élégant accompagnait un patient à l'accueil, ou accueillait le suivant dans son cabinet. Alors que la salle se vidait devant nous, nous avons eu tout le loisir d'observer les allées et venues. Alors que le Top Chirurgien passait devant nous pour la énième fois, Pam m'a chuchoté « joli cul » ... à quoi j'ai répondu « oui, mais il le sait ». Nous avons gloussé comme des collégiennes, certaines que personne dans la salle d'attente ne parlait anglais à part nous.

Enfin, ce fut notre tour d'être invitées dans le cabinet du médecin séduisant. Pam a immédiatement pris la parole, dans son français merveilleusement fluide, expliquant qu'elle était là en tant qu'amie et traductrice. À quoi il a répondu « alors préférez-vous que je parle anglais ? » avec un sourire direct qui nous a fait comprendre à toutes les deux que nos chuchotements n'avaient pas été aussi discrets qu'ils auraient dû l'être.

Inutile de dire que nous n'avons pas réussi à poser la moitié des questions sur ma liste ; notre embarras était si intense ! À travers mon cerveau embrouillé, ignorant la rougeur de mon visage, j'ai réussi à assimiler les mots « arthrite », « opération » et « problème de veine ». Notre humeur joyeuse et nos sourires avaient complètement disparu au moment où il nous a dit au revoir.

Je m'étais toujours rassurée en me disant que je n'avais de l'arthrite que dans une seule articulation à cause de nombreuses chutes de moto et d'accidents sportifs divers, car j'avais toujours atterri sur ce malheureux genou droit. Ce fut un choc majeur pour mon sentiment de santé d'entendre que j'avais maintenant de l'arthrite dans le genou gauche, et la perspective d'une autre opération incroyablement douloureuse s'est soudainement profilée à travers les brumes grises qui tourbillonnaient dans mon esprit. Pour ajouter l'insulte à la blessure, j'aurais besoin d'une opération mineure au préalable, pour enlever une varice de ma jambe, ce qui pourrait compliquer la chirurgie majeure plus tard si elle n'était pas réglée. En seulement 30 minutes, je suis passée de « non-souple » à « prête pour la casse » ; mon cœur s'enfonçait rapidement. La vie dans mon nouveau pays était déjà assez difficile et effrayante, sans tout ce que ces deux opérations et la physiothérapie qui suivrait promettaient.

Du côté positif, le Top Chirurgien avait dit qu'il ne ferait pas la grosse opération avant que je n'aie soixante ans, même si je venais le voir en rampant, dans une agonie abjecte, avant cela (« Eh bien, merci ! »). Me voilà donc, en train de me faire dire que j'étais « exotique » par une gentille dame effectuant une échographie veineuse pour créer une carte pour le chirurgien… avec la perspective de consulter un autre spécialiste à l'automne qui pourrait me faire des injections de « gel magique » pour former un coussin artificiel pour mon genou grinçant, afin de faciliter mon chemin jusqu'à soixante ans. Tant de choses à attendre avec impatience ; je ne pouvais plus attendre !

Il faut dire que la qualité et la rapidité du service dans le système de santé français ont, selon mon expérience, été exceptionnelles. Entendre « vous pouvez avoir un rendez-vous la semaine prochaine, quel jour et à quelle heure vous convient ? » est, malheureusement, loin d'être la norme en Angleterre. Oui, bien sûr, il est intimidant de devoir gérer des problèmes médicaux dans une deuxième langue, mais si vous avez une note des mots-clés pertinents et que vous êtes prêt à mimer un peu, il est possible d'arriver à la conclusion souhaitée. Ce sont les petits détails qui peuvent nous faire nous sentir comme des « étrangers » dans de nouvelles situations. Dans le cas des visites à l'hôpital, en France, il est courant d'apporter vos propres serviettes si vous devez y passer la nuit, ce qui me semble bizarre quand on considère que vous êtes censé entrer dans un environnement parfaitement propre et stérilisé. Surtout quand vous devez utiliser une lotion désinfectante spéciale pour un lavage complet des cheveux et du corps dans la douche juste avant l'opération. Mais bon, tout semble fonctionner. Les hôpitaux français ne semblent pas être infestés de super-bactéries, donc leur confiance dans l'hygiène des serviettes des patients doit être justifiée.

L'opération des veines a été un cas rapide « entrée et sortie » en une journée. Mais j'ai dû demander à une amie de passer la nuit chez moi après, car je vivais seule ; juste au cas où je serais groggy après l'anesthésie. Mon amie Sarah (pas la docteure, mais une autre super amie instantanément connectée par le prénom) s'est portée volontaire pour celle-ci ; mon objectif est de répartir les demandes d'aide parmi mon petit cercle de personnes de confiance autant que possible, pour ne pas surcharger qui que ce soit. Nous avons toutes deux trouvé bizarre que j'aie dû aller à ma pharmacie locale, avec une ordonnance, pour récupérer tous les produits nécessaires à l'opération – scalpels, seringues, bandages, etc. – et tout apporter à l'hôpital le jour même. J'ai également été chargée de tous les scans, radiographies, rapports cardiaques, sanguins et des jambes, etc. Cette approche française est totalement différente de celle de l'Angleterre, où le patient est peut-être la seule personne à ne jamais avoir accès à son dossier médical. Le sentiment de prendre en charge ma propre santé, même de cette petite manière, était plutôt valorisant à un moment où je manquais de tous les mots que nous utilisons habituellement dans ces situations. Je dois admettre qu'essayer de parler français avec le personnel médical en attendant l'anesthésie n'était pas une option, car la peur a gelé mes pensées. Mes petites larmes d'apitoiement sur moi-même étaient un langage universel, ce qui a peut-être fait qu'ils m'ont envoyée dans le pays des rêves vides plus vite que d'habitude.

J'ai emporté ma carte vitale, mes documents d'assurance et mon chéquier à l'hôpital ; je ne savais pas du tout comment fonctionnait le système. Il s'avère que toute l'administration se fait automatiquement dans les grands hôpitaux (en tout cas, c'est ce qui s'est passé pour moi), donc je suppose qu'ils avaient déjà tous les détails nécessaires enregistrés. Tout s'est remarquablement bien passé et rapidement, et les soins post-opératoires étaient également fabuleux. Une infirmière de district différente est venue chez moi tous les deux jours pendant environ trois semaines, vérifiant et soignant les petits trous le long de ma jambe. Ils ne m'ont pas donné mon congé tant que chacun d'eux n'était pas parfaitement guéri.

Au début de cette aventure, on m'avait prescrit des bas de contention, qui étaient en fait bien plus acceptables visuellement que ce que les mots laissent entendre. (Pas du tout « Nora Batty » – pour ceux qui se souviennent de la série télévisée britannique classique se déroulant dans le Yorkshire). Avec un choix de couleurs et des hauts « hold-up » décorés avec goût, ils n'étaient vraiment pas si mal. En fait, ils mettaient plutôt bien en valeur la forme de mes jambes, tout en effectuant leur travail de soulager la pression sur mes veines. J'ai cependant eu un incident malheureux un jour, lorsque la partie « hold-up » d'une paire de bas a abandonné sa tâche…

Je portais un jean et j'étais juste passée chez Lidl pour prendre quelques provisions en rentrant chez moi. Quand on vit dans les collines, il faut saisir chaque occasion pour faire des courses, dès qu'on est en route quelque part. Bref, c'est un peu délicat de mettre la main à l'intérieur de votre jambe de pantalon pour remonter le haut de votre bas, mais c'est aussi plutôt inconfortable d'avoir une bande de bas roulée à mi-cuisse, coupant votre circulation. Mon compromis était d'essayer d'encourager le haut du bas à se rouler vers le haut – ne serait-ce qu'un peu – en effectuant une sorte de marche ondulante, en frottant mes jambes l'une contre l'autre, à travers le parking et dans les allées du magasin. J'étais encore relativement nouvelle dans le quartier ; presque personne ne me connaissait. Sauf pour le jeune et séduisant propriétaire de vignoble Vincent, qui m'appelait derrière moi : « Sara, c'est toi ? Tout va bien ? » Pourquoi ?! Alors que je pouvais passer des jours sans rencontrer quelqu'un qui connaissait mon nom. Pourquoi, alors que je faisais une étrange marche ondulante avec une bosse bizarre autour de ma cuisse, ai-je dû avoir ma seule rencontre sociale de la semaine ? Parce que c'est comme ça que la vie est, voilà pourquoi ~

En plus d'avoir des bas qui mettaient en valeur ma silhouette, j'avais maintenant aussi une bonne raison d'utiliser mes bâtons de marche pour sortir dans les collines. Je me sentais comme une mauviette, toujours à me plaindre que mes genoux me faisaient mal, et à boitiller à l'arrière du groupe chaque fois que nous sortions. Maintenant que j'avais le diagnostic d'arthrite dans mon autre genou, j'avais au moins une raison valable de lutter. Ce n'est pas que quelqu'un avait été méchant à propos de ma lenteur, je me sentais juste coupable de devoir imposer mes limites aux autres quand nous sortions. Pour être honnête, c'était plus relaxant pour moi de faire des promenades tranquilles seule, pour pouvoir aller à mon rythme et m'arrêter régulièrement. C'était solitaire, et pas très amusant, de me sentir soudainement beaucoup plus vieille dans mes os… mais au moins je pouvais encore sortir dans cette magnifique campagne assez souvent. Et les jours où la douleur était trop forte, je pouvais toujours partir en voiture dans ma Citroën confortable et fiable, surnommée « T'inquiète pas pour moi ».

Si le début de 2016 avait été un coup dur pour mon moral en matière de santé, le début de 2017 était d'un tout autre niveau en ce qui concerne les mauvaises nouvelles ! Venant tout juste de me remettre d'une grippe vraiment, vraiment méchante – attrapée lors de la séance de bingo du jour de Noël au bar à pizza du village, où j'avais gagné une énorme dinde que je me sentais trop malade pour manger de toute façon – mon entrée dans la nouvelle année avait déjà été plutôt morose.

Maintenant, c'était la santé de Fred qui prenait toute mon attention. Notre charmante vétérinaire avait détecté un léger souffle en écoutant le cœur de Fred lors de son contrôle annuel à l'automne. Elle avait dit que ce n'était probablement rien, mais qu'il fallait le faire examiner plus en profondeur dans les mois à venir. Alors, en janvier 2017, nous nous sommes rendus au cabinet vétérinaire spécialisé de Béziers pour un examen plus approfondi. Comme toujours, Fred a complètement conquis le vétérinaire en quelques instants, en étant super affectueux, extra amical, et en déployant son charme à fond. Ce type lui faisait des câlins, s'exclamant « quel chat ! » tout en le branchant aux moniteurs pour prendre les mesures cardiaques. Mais quand il a vu ce que les machines lui montraient, la température émotionnelle de la pièce a complètement changé, alors qu'il enfilait métaphoriquement sa blouse de médecin et me donnait son diagnostic d'une voix froide et professionnelle. « Le cœur de Fred est trop gros. »

Le sol s'est dérobé sous mes pieds. J'avais un bourdonnement dans les oreilles tandis que mes yeux, ma tête et mon cœur étaient submergés par une vague de chagrin. Des années plus tôt, j'avais perdu mon premier chat bien-aimé, Arthur, beaucoup trop tôt, parce que son cœur était lui aussi trop gros. Fred – mon héros éternel – a frotté son museau contre mon visage pour essayer de me réconforter, mais même cela ne pouvait pas améliorer la situation…

Le vétérinaire m'a demandé de m'asseoir dans la salle d'attente, avec Fred de retour dans son panier, pour qu'il puisse préparer son rapport complet et les documents. Peut-être avait-il aussi besoin de ce temps seul pour gérer ses émotions ? Je ne sais pas. J'étais absolument bouleversée. Je ne pouvais pas empêcher mes larmes de couler ; tout ce que je pouvais faire, c'essayer de ne pas sangloter à haute voix. Malgré leur exubérance et leurs expressions émotionnelles dans la conversation, les Français ont, selon mon expérience, un remarquable self-control quand il s'agit de pleurer. Ils font tout pour ne pas pleurer ; et s'ils le font, ils cachent leurs larmes du mieux possible. Ce matin-là, j'ai gêné tout le monde dans la salle d'attente de ce cabinet vétérinaire spécialisé, mais il m'était impossible de faire autrement. Mon cœur se brisait. Je dis à Fred chaque jour que je l'aime « jusqu'au soleil, à la lune et aux étoiles, et encore plus loin », et il sait que c'est vrai.

On nous a prescrit un traitement quotidien, et « deux ans maximum » comme espérance de vie pour Fred. C'est un chat incroyablement intelligent, mais heureusement, il n'a jamais appris à compter. Il a pris ses médicaments parfaitement, chaque jour depuis, et nous sommes déjà bien entrés dans la troisième année au moment où j'écris ces mots. Je me bats chaque jour avec moi-même pour lui permettre de vivre la vie de liberté et d'aventures qui est le droit de naissance de tout chat ; je préférerais l'envelopper et le garder en sécurité à mes côtés à la maison. Je suis farouchement surprotectrice envers lui, et envers Barney aussi (bien sûr) … mais ils sont vraiment Les Meilleurs Chats du Monde, alors je ne m'excuse ni ne me justifie pour cela.

Dans les premiers jours suivant le diagnostic de Fred, j'ai eu beaucoup de jours sombres, me demandant comment Barney et moi allions nous en sortir quand il ne serait plus là. Mes amis ont été incroyablement patients et compréhensifs ; essayant de trouver les meilleurs mots pour m'aider et m'encourager à « voir le bon côté des choses » et à ne pas m'inquiéter excessivement. C'est un Français qui m'a dit, un peu maladroitement, « il n'est pas encore mort », ce qui m'a en fait empêchée de trop pleurer sa perte trop tôt. Il y aura bien assez de jours pour cela, quand il ne sera plus là ; mais – pour l'instant – Fred est bien vivant, et une énorme partie de ma vie. Dieu merci.

Avec ces épisodes de genoux de Sara et de cœur de Fred qui ponctuaient des journées de marche, de fêtes, de natation et de ménage, ma vie était certainement pleine et variée, même si ce n'était pas toujours pour des raisons joyeuses. Mon cercle d'amis s'est progressivement agrandi, avec des liens plus profonds qui se sont tissés au fil du temps, à la fois avec mes voisins résidents à plein temps et avec les propriétaires de résidences secondaires dont les retours réguliers étaient toujours une excuse pour des retrouvailles joyeuses et arrosées. La vie en petite communauté dans de petits villages crée parfois de grands drames pour de petits esprits, malheureusement, et il y avait une dame en particulier qui causait plus que sa part de remous... mais c'est peut-être ainsi partout dans le monde. Bien que j'aie voyagé en Nouvelle-Zélande et en Inde, ainsi que passé des vacances en Europe, j'avais vécu plus de cinquante ans dans ma ville natale de Brighton, qui est incroyablement diverse et accueillante envers presque tout le monde. J'étais complètement inexpérimentée en matière de querelles mesquines et de commérages, alors malheureusement, j'ai froissé cette dame à plusieurs reprises. C'était dommage et ennuyeux, car cela créait une atmosphère gênante lors de certaines réunions sociales ; mais à part cette personne, je dois dire que ce fut incroyable de rencontrer autant de gens intéressants et vraiment sympathiques.

Je ne m'attendais certainement pas non plus à rencontrer un tel mélange de nationalités… chacun a une histoire à raconter sur la façon dont il est devenu propriétaire dans les villages des collines de ce cœur rural du sud de la France. Ce qui a été amusant, à chaque fois, c'est de découvrir comment la liste de « Comment je veux que ce soit » de chacun s'est avérée très différente de « Comment c'est réellement » ; donc si vous envisagez de faire cela, ne vous attachez pas trop aux détails. Si vous suivez votre cœur et allez avec le flux, vous avez de bonnes chances de trouver l'endroit où vous êtes censé être.

Cela dit, après trois années mouvementées à Saint-Nazaire-de-Ladarez, je commençais à me demander si ma belle maison dans ces belles collines était le bon endroit pour moi. Mon problème inattendu de genou avait concentré mon esprit, et je m'attaquais enfin à la préoccupation que ma mère avait soulevée au début. Elle comprenait pourquoi j'étais attirée par un cadre si magnifique, mais elle s'inquiétait que je sois « si loin » d'une grande ville. En fait, ce n'est qu'une demi-heure de route pour Béziers ; mais c'est là le problème. Il faut conduire pour survivre. Et les collines sont merveilleuses si vous pouvez marcher ou faire du vélo, mais elles représentent un énorme défi si vous n'êtes pas en forme et fort. Je m'étais acheté un joli vélo blanc, avec vingt-et-une vitesses et l'intention ferme de l'utiliser pour renforcer mes jambes. Cependant, les rares fois où je m'y suis aventurée, il semblait que chaque colline que je rencontrais ne faisait que monter. Je n'ai jamais trouvé ces routes en descente qui m'auraient permis de glisser gracieusement pendant un moment...

Mon amie Pam cherchait une maison depuis un bon moment et la ville qui lui avait conquis le cœur s'appelait Marseillan. C'était une vieille ville pittoresque, avec des cafés bordant le port, et j'étais toujours heureuse de conduire pour la rencontrer là-bas et discuter des propriétés qu'elle visitait. À mesure que je me familiarisais avec l'endroit, je pouvais m'imaginer y vivre très heureuse. La ville avait une bonne ambiance ; sûre, amicale et intéressante. J'ai décidé de mettre ma maison en vente et de voir ce qui se passerait...

Ce qui s'est passé en premier – avant que je ne vende ma maison – c'est que j'ai eu un petit accident qui a été un peu un revers. Je ne m'attendais pas à me blesser l'épaule en taillant des branches d'arbres dans le jardin au début de 2018, mais vraiment – j'aurais dû être plus prudente ; mon bilan des mois de janvier récents n'était pas si glorieux ! Mes genoux avaient dominé la scène de ma santé pendant bien trop longtemps ; apparemment, il était temps qu'une autre partie de mon corps attire l'attention. Quelle corvée ~ Faisons une pause dans tout cela et parlons d'autre chose pendant une minute... Les rencontres amoureuses !

Chapitre Quinze

C'est un rendez-vous !

Malgré le fait que je sois globalement heureuse, confiante et compétente en « vol solo », il restait en moi une partie qui aimait l'idée d'avoir quelqu'un de spécial avec qui partager des choses. Étant née sous le signe de la Balance, je suis censée être une « bonne partenaire ». Je n'ai jamais vu aucun des onze autres signes astrologiques décrits comme un « mauvais partenaire », d'ailleurs, bien qu'un ou deux soient peut-être connus pour être « difficiles » ? Je pense qu'il est possible de voir certains traits qui relèvent de l'influence de chaque planète, donc « Oui », je crois en la science derrière l'astrologie.

Quand je voyageais en Nouvelle-Zélande pendant le

passage à l'an 2000, j'ai rencontré un homme qui avait étudié cela en détail, et il m'a beaucoup appris. Nous proposions de préparer les thèmes astraux personnalisés des gens pour 10 dollars néo-zélandais ou une bouteille de vin. Inévitablement, nous étions payés en vin, que nous partagions ensuite avec le destinataire tout en discutant des détails les plus fins de leur fascinant thème astral. Sauf avec les Scorpions, bien sûr. Non seulement ils croyaient rarement en l'astrologie, mais s'ils se permettaient d'être assez curieux, ils étaient extrêmement secrets et très mal à l'aise avec l'idée que nous pourrions maintenant avoir un aperçu plus profond de quoi que ce soit les concernant. Les compétences en diplomatie faisaient partie intégrante de cette distraction informelle de backpackers, tout aussi importantes que la capacité à interpréter les alignements planétaires. Ironiquement, le Néo-Zélandais et moi n'avons pas suffisamment lu nos propres thèmes pour comprendre que nous étions un couple difficile, et nous aurions dû rester « juste amis ». Mais nous avons ajouté une touche de couleur supplémentaire à la tapisserie de la vie de l'autre – brièvement !

J'avais essayé les rencontres en ligne en Angleterre à plusieurs reprises ces dernières années, et cela avait amené des rencontres intéressantes, avec des degrés de succès variables. Je sais que certaines personnes ont rencontré leur partenaire de vie de cette manière, et je n'ai aucune critique à faire sur le concept. Comme tout dans la vie, cela ne peut fonctionner qu'aussi bien que les personnes qui l'utilisent ; (« des déchets à l'entrée, des déchets à la sortie »). En Inde, les partenaires potentiels ont été professionnellement appariés selon leurs profils astrologiques depuis des siècles ; pour les rencontres en ligne du vingtième siècle, nous nous sommes fiés à des algorithmes générés par ordinateur et à nos propres réactions instinctives face à quelques photographies et à certains mots choisis. Je me souviens avoir lu l'avertissement sur le profil d'un homme, disant à toute candidate potentielle que « si elle ne ressemblait pas à sa photo lorsqu'ils se rencontreraient, elle devrait payer toutes les consommations jusqu'à ce qu'elle y ressemble » ! Cela peut sembler un peu cruel, mais j'ai été surprise par le nombre de personnes qui étaient moins que honnêtes dans leur profil, leurs photos et leurs conversations. Ce qui ne menait qu'à l'embarras pour les deux parties lorsque nous nous rencontrions enfin. Un certain nombre d'hommes étaient plus âgés, plus gros ou plus chauves ~ pourquoi faire ça ?! « Pour avoir une chance de se rencontrer, et d'impressionner avec une personnalité étincelante » est la meilleure réponse — et bien sûr, nous ne devrions pas être si superficiels pour juger quelqu'un uniquement sur son apparence — mais il doit y avoir une chimie, une attraction. Se sentir trompée dès le départ n'était pas quelque chose que je trouvais facile à surmonter, même s'ils étaient prêts à acheter suffisamment de verres pour brouiller ma vision !

Cela dit, en Angleterre, j'avais rencontré quelques hommes sympathiques, appris à me protéger, et même eu une connexion profonde avec un homme... pour finalement découvrir que ce n'était pas le bon moment pour lui de s'impliquer aussi profondément. Il cherchait de l'amusement et de l'amitié après de nombreuses années dans une relation engagée ; c'était cool. Nous nous sommes séparés en amis, sans nous faire de mal, donc c'était une belle expérience que je chéris et que je peux regarder en arrière avec un sourire.

La rencontre la plus délicate dont j'ai dû me sortir, cependant, est une rencontre pour laquelle je ne pense pas que quiconque puisse se préparer. Un jour, j'ai eu un rendez-vous avec un homme qui s'était décrit comme travaillant dans le bâtiment. Je m'intéresse aux bâtiments et à la manière dont ils sont construits. Il travaillait pour l'entreprise de jouets de construction pour enfants, Lego. Je m'intéresse aux personnes créatives, donc j'étais ouverte à en apprendre plus sur lui. Il m'a dit que cela avait toujours été son rêve de travailler pour Lego. Il n'y a rien de mal à suivre son rêve. J'ai dit que cela devait être un défi amusant de créer tous les modèles complexes de Legoland. C'était toujours son rêve. Il n'avait pas assez réussi à l'entretien d'embauche pour devenir Modéliste ; son travail consistait à faire le tour à la fin de la journée et à réparer les modèles qui avaient été endommagés. C'était toujours une compétence, et il avait toujours son objectif ; il visait plus haut et un jour, il serait Modéliste. Il m'a dit que l'un des tests de l'entretien avait été de construire un pont avec une variété de matériaux fournis par l'entreprise ; il avait réussi le premier test en déduisant qu'il valait mieux utiliser les pâtes sèches – les spaghettis – non cuits ~ Ce n'est pas le genre de conversation que j'attendais lors d'un premier rendez-vous ; mais c'était Unique, c'est sûr.

Une bonne amie m'a dit que je devais donner à chaque rendez-vous une « seconde chance » parce que nous sommes tous nerveux lors des premières rencontres, donc nous pourrions ne pas présenter notre meilleur ou notre moi le plus normal. Elle avait tort à propos de M. Lego. Il a interprété mon acceptation de son invitation à nous revoir comme un signe que nous allions vraiment quelque part... et m'a informée qu'il avait modifié ses plans de vacances au ski pour inclure un billet supplémentaire pour moi ; nous pourrions passer un long week-end ensemble dans un chalet à la montagne, dans la neige. J'ai réussi à être polie, et j'espère agréable, mais très ferme avec mon « Non » en quittant le café sans finir mon café. Il avait fièrement affiché son badge Lego sur le tableau de bord de sa voiture ; je ne le nommerai pas. Je suis sûre qu'il a trouvé quelqu'un qui lui convient parfaitement – peut-être a-t-il « cliqué » avec un collègue de Legoland ? Fondamentalement, cependant, lui et moi étions incompatibles.

Les amis qui sont en couple depuis longtemps ne comprennent pas toujours que plonger à nouveau, réessayer

– immédiatement – n'est pas toujours si facile. Nous ne sommes pas des robots. En général, ce n'est pas déchirant de s'éloigner d'une personne après une seule brève rencontre, mais – pour être honnête – il y a une partie de notre cœur qui espérait tranquillement que « peut-être cette fois... » tout le joli, doux, truc de couple commencerait, peu importe à quel point notre vie de célibataire est bonne. Se relever et rebondir après même de petites déceptions n'est pas toujours instantané.

Déménager en France, être occupée par les mille et un détails de ma nouvelle vie, a fait que je n'ai même pas envisagé de « sortir » pendant un bon moment. Mais je suis de nature curieuse, et romantique dans l'âme, alors quand j'ai appris que l'équivalent français du site Plenty of Fish point com s'appelle PoF point Fr, j'ai senti que c'était le moment de plonger et d'explorer à nouveau, avec mon nouvel accent français « exotique » ! Pourquoi pas ?

Il est vrai que la plupart des Anglais ne portent pas de chapeaux melon ni ne transportent de parapluies ; la plupart des Américains ne portent pas de Stetsons ni ne disent « howdy » ; et la plupart des Suisses ne se tiennent pas sur les flancs des montagnes pour yodler. Il existe cependant certains stéréotypes nationaux qui ont un fond de vérité... ou du moins un certain degré de précision... Je n'ai trempé qu'un orteil dans l'eau des rencontres françaises à quelques occasions, et dans la vie quotidienne, j'ai trouvé les hommes et les femmes français charmants, sympathiques et amusants, la plupart du temps. Mais en matière de rencontres en France, un certain degré de confiance macho est évident, qui peut aller au-delà du charme de la galanterie à l'ancienne. Par exemple, ma compréhension et ma fluidité étaient plutôt limitées quand j'ai exploré « Pof point Fr », mais j'ai réussi à comprendre mon Premier-Rendez-vous-Français qui vérifiait, toutes les quelques minutes, si j'étais vraiment ravie de son apparence. Oui, il était beau, mais pas « génial » … et je ne suis pas restée assez longtemps pour découvrir s'il avait une plus grande profondeur. Quand il a annoncé, puis réexpliqué (au cas où je n'aurais pas bien compris) qu'il y avait 2 soleils qui brillaient magnifiquement ce jour-là – celui dans le ciel et lui-même ! – je lui ai dit qu'il devait aller pêcher ailleurs pour des compliments. « Mais tu n'aimes pas ce que tu vois ? » était sa véritable perplexité. J'ai toujours soutenu qu'il est sage de porter des lunettes de soleil pour protéger nos yeux quand l'éblouissement est trop fort.

Il y avait un autre homme qui m'a proposé de sortir sur son bateau pour notre deuxième rendez-vous. J'adore être sur l'eau, mais l'écho d'une publicité qui ornait tous les tableaux d'affichage des backpackers quand je voyageais en Australie m'est venu à l'esprit : « Sur l'océan, personne ne peut t'entendre crier ». C'était pour décourager les jeunes de s'engager comme « équipage » pour des opportunités de voile glamour… Je me suis dit que je n'étais plus une jeune fille, et qu'il ne proposait qu'une petite sortie du port pour un après-midi. Il « semblait être un type bien », alors j'ai donné autant de détails que possible à quelques amis de confiance et j'ai organisé un rendez-vous avec lui au bord de l'eau. Par précaution supplémentaire, j'ai promis d'envoyer un message à mes amis avec une photo du bateau, et son nom/numéro d'immatriculation, avant de partir.

Nous n'avions pas besoin de nous inquiéter, du tout. Le bateau de cet homme, sa fierté et sa joie, était le plus mignon, le plus petit navire que j'aie jamais vu flotter sur l'eau. Je sais que la taille n'est pas tout, mais ~~~ Il a dû concéder que les vagues en mer ce jour-là seraient trop agitées pour son petit bateau, alors nous avons simplement remonté la rivière pendant une heure ou deux. C'était charmant ; vraiment agréable… ça m'a juste fait sourire qu'il soit Si Enormément Fier de son petit bateau. Bien que nous puissions hocher la tête et sourire et nous entendre bien, superficiellement, il était aussi évident que notre manque de langue commune signifiait que nous ne pouvions pas vraiment nous connecter au-delà d'un certain niveau.

J'étais reconnaissante pour les expériences de rencontrer ces personnes, ainsi que quelques autres types bien, et cela m'a étirée socialement et linguistiquement. Mais c'était vraiment très épuisant d'essayer de se connecter romantiquement et émotionnellement dans une autre langue. J'ai décidé de m'éloigner du site de rencontres en ligne, et de laisser le destin dérouler la romance qui devait venir à moi en son doux temps, pendant que je continuais à vaquer à mes occupations quotidiennes. Il y avait toujours assez de choses pour m'occuper, d'une manière ou d'une autre, et je ne voulais certainement pas être l'autre alternative française : La Maîtresse. Peut-être cette attitude détendue envers les mariages convient-elle aux tempéraments latins ? Croiriez-vous qu'il existe même une expression « le cinq à sept » où il est ouvertement reconnu qu'un homme passe deux heures avec sa maîtresse après avoir quitté le travail, avant de rentrer dîner avec sa femme. Et j'ai même vu une affiche pour la Saint-Valentin à Paris, il y a quelques années, où un fleuriste faisait la promotion : « Achetez un bouquet de roses, et obtenez le second à moitié prix. Gâtez la maîtresse aussi ! » Comme une amie qui a été abordée, draguée puis à qui on a demandé si elle aimerait être La Maîtresse aurait pu répondre : « tu sais où tu peux mettre tes roses à moitié prix ! »

Avant de quitter le sujet de la romance et de la séduction pour un moment, il y a un autre aspect de la plage horaire « 5 à 7 » que je trouve personnellement plutôt triste. Si un homme n'a pas de maîtresse, il pourrait choisir une liaison avec une prostituée à la place. Et en France, ces dames de petite vertu peuvent être vues au bord de certaines routes, à l'heure du déjeuner comme en début de soirée. Invariablement vêtues de manière provocante, parfois dansant sur de la musique provenant d'une radio portable, chacune a son emplacement choisi le long de certains itinéraires. Un ami a raconté comment, lorsqu'il était adolescent, il avait demandé à son père pourquoi ces femmes se tenaient au bord de la route. On lui a répondu : « elles attendent le bus, mon fils ». « Mais il n'y a pas d'arrêt de bus ? » « …Peu importe ». Il a fallu quelques années de plus avant qu'il ne réalise que ces dames le long de la route de Pézenas (une grande ville locale) n'attendaient en fait aucun bus ~

Comme je l'ai déjà dit, se connecter avec une autre personne quand on ne partage pas la même langue peut être difficile. Oui, nous pouvons nous regarder dans les yeux et « cliquer » de bien des manières, mais avoir un vocabulaire alternatif limité ne nous permet pas toujours d'exprimer qui nous sommes vraiment. Avons-nous besoin de nous connaître si profondément pour tomber amoureux ? Peut-être pas ? Nous pouvons apprécier quelqu'un sans le connaître entièrement, et de nombreuses amitiés superficielles peuvent évoluer vers quelque chose de bien plus significatif avec le temps. Peut-être que la confiance est l'élément clé ? Mon frère soutient que pouvoir rire avec sa partenaire est l'ingrédient le plus important. Un autre ami me dit que c'est entièrement notre choix de décider comment nous choisissons de voir chaque situation. Peut-être n'avons-nous pas besoin de partager les mêmes références de l'enfance pour créer un ensemble de souvenirs que nous pourrons apprécier ensemble plus tard ? Ce qui existe entre un couple est souvent appelé « chimie ». Ce n'était pas ma meilleure matière à l'école ; c'était bien trop compliqué. Comme pour beaucoup d'autres aspects de la vie, je préfère suivre ce que je trouve agréable. Il n'y a aucun intérêt à regarder le football et à aller dans un pub bruyant juste dans l'espoir de rencontrer « quelqu'un », si ce n'est pas ainsi que vous souhaitez vraiment passer vos journées.

C'est amusant de philosopher et de discuter de la théorie des rencontres et des relations, et c'est amusant d'explorer les options quand on vit la vie de célibataire aussi. Mon désir de me connecter avec une personne spéciale fluctuait, selon à quel point j'étais occupée par le reste de ma vie. Vivre seule, avoir du temps pour simplement être moi-même pouvait parfois être un avantage distinct. Cela me donnait l'occasion de découvrir ce que je voulais vraiment, et qui je voulais être. Quand on est un étranger en ville, on peut se définir comme on le souhaite. Ni vous, ni ceux que vous rencontrez, n'êtes limités par des idées préconçues. Si vous voulez abandonner une habitude, ou en prendre une nouvelle, vous êtes libre de le faire !

Une habitude que je voulais garder était de faire quelque chose d'utile en lien avec le soin des animaux. J'avais été surprise à quel point mes expériences de bénévolat avec WhaleFest avaient été gratifiantes, même si le travail acharné et le temps nécessaire pour aider à créer les deux premiers festivals à Brighton avaient été énormes. De grandes amitiés s'étaient formées pendant que nous nous unissions tous pour essayer d'améliorer le monde, comme nos leaders inspirants Ian et Dylan aimaient à le dire !

Ayant posé mes pieds sur un sol nouveau, j'ai cherché une

association française de protection des animaux à laquelle je pourrais consacrer un peu de temps et d'efforts. Par hasard, j'ai découvert Elephant Haven, le sanctuaire de retraite en cours de création par un couple belge énergique. Ils suivaient certainement leur rêve, et avec un tel courage et une telle ténacité, en plus ! Avec un passé dans le bien-être animal, ils avaient trouvé un terrain approprié près de Limoges, vers la côte ouest de la France. J'ai fait le trajet pour rencontrer leur petit groupe de bénévoles enthousiastes et j'ai appris l'énorme défi qui les attendait. J'ai transmis les meilleures idées organisationnelles et de collecte de fonds que j'ai pu concevoir, tirées de mes expériences à WhaleFest, mais j'ai dû conclure qu'ils étaient trop éloignés pour que je puisse m'impliquer activement. Cela aurait impliqué une journée entière de conduite à chaque fois que je souhaitais participer ; garder la vie simple et locale était l'un de mes objectifs personnels… mais j'ai suivi les réalisations d'Elephant Haven avec émerveillement et admiration depuis. Ils ont enflammé l'imagination et l'engagement créatif de bénévoles extraordinaires et ont accompli tant de choses ; j'ai hâte de voir les premiers éléphants secourus arriver au sanctuaire très bientôt. Pourquoi ces créatures complexes et sociables ne profiteraient-elles pas elles aussi de leurs jours de retraite à la campagne française ?

La vie peut sembler n'être qu'une silhouette fine si nous ne trouvons pas le but et les connexions qui lui donnent un sens plus profond, mais en fin de compte, nous avons tous notre propre chemin, et c'est à nous de décider ce que nous en faisons. Alors... en avant et vers le haut ; qui sait qui ou quoi nous attend au prochain virage ?!

Chapitre Seize

Vendre une maison : soigner une épaule

Lorsque 2018 est arrivé, cela faisait 3 ans que j'étais en France et il semblait que je commençais à maîtriser pas mal de choses. Mes compétences linguistiques s'amélioraient, et beaucoup de choses du quotidien me semblaient agréablement familières. Après mes 12 premiers mois, j'avais ressenti une véritable joie à voir les saisons se succéder et à reconnaître les schémas de l'année précédente. À mesure que chaque année avançait, ce bonheur de « savoir » comment les choses se déroulaient - comment les vignes poussaient, comment le temps changeait, etc. - s'approfondissait. Pour moi, c'était un sentiment d'« appartenance » et de connexion, et j'adorais ça. C'était amusant de pouvoir montrer à mes amis en visite les trésors cachés que j'avais découverts. Par exemple, il y a une statue dans la petite place d'un hameau appelé Lugné qui ne déparerait pas sur Liberty Island dans le port de New York.

Cette réplique de La Liberté éclairant le monde, pour lui donner son titre complet, ornait autrefois le paquebot « Maxim's of the Seas ». Elle avait été placée comme figure de proue lorsque ce navire accueillait les stars du show-business en 1986 pour célébrer le centenaire de l'installation de la statue originale à New York. Lorsque les propriétaires du navire ont décidé plus tard qu'il était temps pour cette petite dame de déménager, le capitaine du paquebot, Albert Abélanet, s'est porté volontaire comme son vaillant sauveur. Originaire de Lugné, il savait qu'elle trouverait un havre de paix dans son lieu de naissance dans les collines, et elle orne désormais un piédestal formé d'une partie du pont de pierre qui enjambait autrefois la magique rivière Orb.

Après avoir traversé tant d'étapes pour m'installer dans mon havre de paix dans les collines d'un nouveau pays, il semblait un peu contradictoire de chercher à déménager vers une nouvelle maison dans une nouvelle ville. Mais ce sentiment d'appartenance m'a donné la confiance nécessaire pour essayer, car je savais que j'avais désormais besoin de plus de mon environnement immédiat. Ce n'était en rien une critique des personnes qui m'avaient si gracieusement accueillie à Saint-Nazaire-de-Ladarez. Je n'aurais jamais pu espérer de meilleures et plus gentilles relations avec les amis là-bas, qui ont été mes professeurs les plus importants pour la langue française et la vie en général.

Un peu comme lorsque j'avais envisagé pour la première fois de déménager en France, je ne m'attendais pas à ce que les choses avancent particulièrement vite. On m'avait dit que le délai normal pour vendre une propriété en France était de quelques années. Même si je pensais que ma maison et mon jardin étaient particulièrement attrayants, je comprenais que ce ne serait pas au goût de tout le monde de vivre dans un petit village des collines, aussi agréable que je savais que la vie pouvait y être. Mon agent immobilier préféré à Marseillan m'a dit qu'il préférait attendre que j'aie une offre ferme d'un acheteur pour ma maison avant de m'emmener voir des propriétés à vendre dans sa ville. Selon lui, les maisons de Marseillan se vendaient beaucoup plus vite que celles de Saint-Nazaire, donc tout ce qui était actuellement sur le marché serait déjà vendu au moment où je serais prête à acheter. C'était raisonnable. Et après avoir listé ma propriété sur quelques sites de « Faites-le vous-même » (Le Bon Coin en France, et Greenacres pour une couverture internationale), j'ai été rapidement distraite par une blessure très gênante à l'épaule.

Au début, je n'ai pas pris très au sérieux le problème de mon épaule, même si je devais utiliser tout le haut de mon corps pour bouger mon bras afin de changer de vitesse dans ma voiture, et que je ne pouvais ignorer la douleur qui me traversait à chaque fois. Mais après quelques jours sans amélioration, j'ai cédé et j'ai rendu visite au docteur Sarah, qui a diagnostiqué une déchirure du tendon, m'a orientée vers la physiothérapie et m'a fixé un rendez-vous avec le meilleur spécialiste de l'épaule de sa liste. Qui se trouvait être le même médecin séduisant qui a soigné le genou de Messi ! Quelle coïncidence ; qui aurait pensé à combiner genoux et épaules comme choix de carrière ? Les deux articulations les plus délicates du corps humain ; eh bien, il adorait visiblement le défi. Au moins, cette fois, je savais déjà qu'il parlait bien anglais, donc je n'aurais pas à trouver les bons mots français pour mes parties du corps blessées (ou son joli derrière !)

Il semblait être une bonne idée de suivre des séances de physiothérapie, pour voir si je pouvais encourager le tendon à guérir sans avoir besoin de chirurgie. Malheureusement, la déchirure était en fait circulaire, donc les bords ne pouvaient pas se recoller… mais cela n'a été découvert qu'après un scanner particulièrement inconfortable nécessitant l'injection d'encre dans mon épaule pour que les dégâts apparaissent plus clairement. Armé de ces images de scanner haute technologie, le médecin séduisant a expliqué que la réparation nécessaire pourrait être comme repriser un trou dans une chaussette… mais il recommanderait plutôt d'y coller une rustine. J'ai demandé si je serais alors comme neuve ? Il était visiblement inspiré par les analogies vestimentaires à ce moment-là, car il m'a poliment expliqué que ce serait comme fixer une nouvelle rustine sur un vieux jean ; il ne pouvait rien faire pour l'état ou l'âge du tissu environnant. Charmant. Le bon docteur peut déployer son sourire le plus éblouissant, mais il ne fait rien pour flatter l'ego de cette dame !

Ce mélange de charme enjôleur et de franchise brutale semble être une autre caractéristique de nombreux hommes français. Il y a eu une occasion où je me baignais avec mon amie Fiona et ses enfants dans un magnifique petit lac, caché au bout d'un chemin accidenté entouré de vignes. C'était l'un de nos endroits préférés, malgré les avertissements de nos voisins français qui disaient qu'il était dangereusement profond. Apparemment, un tracteur de taille normale était englouti dans ses profondeurs troubles, mais rien ne laissait penser qu'il polluait l'eau. En fait, l'argile autour du lac faisait un masque facial parfait « pour nettoyer et purifier », et notre peau était incroyablement douce chaque fois que nous nagions dans ces eaux.

Ce jour-là, nous avons été surprises de croiser un Français et sa petite amie à notre lac secret. Il était rare d'y rencontrer qui que ce soit ; c'était une partie de son charme. Eux aussi semblaient déçus que nous interrompions leur moment privé au bord de l'eau, mais nous avons tous discuté poliment pendant quelques minutes. C'est au moment où nous entrions dans le lac que le Français nous a dit à quel point l'argile était bonne pour la peau. « Oh oui, nous le savons », avons-nous répondu joyeusement. Puis il a pointé ma jambe et a dit : « Ça aidera pour ça aussi », ajoutant « ce n'est pas joli ». ~ humph ~ La réponse anglaise standard, lorsqu'on vous demande « Est-ce que mon postérieur paraît gros dans ça ? » ou « Est-ce que ma varice a l'air bosselée ? », est de mentir poliment : « Non, pas du tout ». C'est ce que nous voulons entendre, peu importe la vérité ! Ce monsieur français était visiblement perplexe face à mon « Ppfff ! merci beaucoup » mal dissimulé et grognon – qui se traduisait par un sarcastique « Eh bien, merci beaucoup ! » – alors qu'il essayait simplement d'être honnête et utile. Les différences culturelles ; elles surgissent aux moments les plus inattendus !

Bref, essayer de vendre ma maison est devenu une distraction bienvenue face à ces nouvelles médicales décourageantes. La « fenêtre d'opportunité de guérison naturelle » pour mon épaule était limitée, nous avons donc choisi une date début octobre pour l'opération très douloureuse. Je voulais la repousser jusqu'au dernier moment, au cas où un miracle se produirait et que ça se réparerait tout seul ; cela me laissait aussi tout le printemps et l'été pour me familiariser avec le système de vente immobilière français.

Au départ, je n'étais pas très enthousiaste à l'idée d'utiliser un « immobilier » car leurs frais de commission sont bien plus élevés que ce à quoi nous sommes habitués au Royaume-Uni. En France, le taux peut atteindre 10 % du prix de vente ; au Royaume-Uni, il est généralement plus proche de 1 %. Et je n'ai jamais adhéré à l'argument des agents, lorsqu'ils disent « ne vous inquiétez pas, c'est l'acheteur qui nous paie, pas le vendeur » ... car soit vous trouvez un acheteur prêt à payer bien plus que le prix juste pour votre maison, soit vous acceptez moins que la valeur réelle de votre propriété pour la mettre sur le marché à un prix acceptable. L'agent que je préférais, et celui qui a finalement trouvé les acheteurs pour ma propriété, a justifié ses honoraires d'une manière différente. Elle a souligné que ses clients étaient prêts à la payer pour « faire le travail de terrain » et trouver la propriété parfaite pour eux, en utilisant ses connexions supérieures et son expérience, et ils acceptaient qu'elle ait des années de ressources accumulées à portée de main qu'ils ne pourraient jamais obtenir. Cela a certainement fonctionné dans mon cas. Les nouveaux propriétaires de ma maison sont devenus de bons amis, et ils sont peut-être encore plus heureux que je ne l'étais de vivre dans cette merveilleuse maison dans les collines.

Il y a eu quelques moments intéressants en chemin, avant qu'un accord satisfaisant ne soit conclu. Suite à ma publicité indépendante, un couple vraiment odieux est venu visiter ma maison un samedi matin. Ils n'avaient pas lu la description attentivement, et bien que j'aie détaillé quelles pièces étaient au premier étage, quelles pièces étaient de plain-pied, et même fourni des photos de la cave donnant sur le jardin, ils ont été déçus de découvrir qu'il y avait des escaliers à négocier à l'intérieur et à l'extérieur de la maison. Après avoir peiné à monter la seule marche et à franchir la porte d'entrée, la seule autre question importante du mari a été : « Le jardin est-il isolé ? Je ne veux pas être vu », demandé d'une manière qui m'a fait imaginer qu'il voulait découper des cadavres en toute intimité ! C'est à ce moment-là que j'ai décidé que j'aimais trop ma maison pour la vendre à quelqu'un d'aussi horrible, peu importe combien d'argent il pourrait offrir.

Cela s'est avéré être une clarification très utile pour mon âme. Non pas que je n'aie jamais rencontré quelqu'un d'autre, même de loin aussi horrible, qui voulait acheter ma maison ; mais je me suis retrouvée dans une situation difficile à un moment crucial. Je venais de convenir d'un prix de vente avec le couple présenté par la gentille agente, lorsqu'une dame qui avait visité ma maison de manière indépendante m'a recontactée. Elle avait initialement déclaré qu'elle n'était pas prête à payer mon prix demandé, mais en apprenant qu'on m'avait offert une somme proche de ce montant, elle m'a surprise en proposant bien plus. Je lui ai dit que c'était une question d'honneur, ayant déjà scellé l'accord par une poignée de main, à quoi elle a répondu : « l'argent parle ». Je ne lui en veux pas d'avoir essayé, et à bien des égards, elle a raison, mais l'argent ne parle pas toujours assez fort. J'ai expliqué mon dilemme à l'agente ; 10 000 euros supplémentaires alors que je n'avais pas de revenu régulier, c'était une somme importante à refuser. Le gentil couple suédois a immédiatement accepté d'augmenter légèrement son offre, ce qui était un geste suffisamment décent pour nous permettre de conclure l'affaire et de nous sentir tous satisfaits des arrangements financiers. Ils adoraient la maison, et lorsqu'ils ont appris que j'avais besoin d'une opération à l'épaule, ils ont accepté que je reste plus longtemps dans une « période de location » de quelques mois supplémentaires, essentiels pour que je puisse me rétablir et gérer mon propre déménagement.

En fait, si on ignore la douleur et les inconvénients d'avoir le bras immobilisé pendant six semaines après une opération, et la rééducation qui suit pendant encore quelques mois, je peux – presque – recommander chaudement ma situation. J'avais besoin d'aide pour gérer la vie quotidienne et les litières des chats... alors pourquoi ne pas demander à ces aides de ranger aussi toutes mes affaires dans des cartons ? Ils étaient bien plus en forme et plus forts que moi, et sans attachement émotionnel à chaque objet, ils pouvaient emballer avec soin, mais sans hésitation. Les aides en question venaient d'un site web fabuleux appelé Work Away. Le principe est que l'hôte offre le gîte et le couvert en échange de 20 heures de travail par semaine. Normalement, cela représenterait 4 heures par jour, pendant 5 jours, avec les week-ends libres. Mon besoin était de moins d'une heure chaque matin, une heure environ chaque soir, plus des tâches supplémentaires aléatoires de conduite et de courses ici et là. J'ai eu la chance de trouver un jeune homme de Manchester, puis une fille de Washington, aux États-Unis, puis une Suédoise, et enfin un couple anglais... tous heureux d'être flexibles et de s'adapter à mon emploi du temps. Partager sa maison de cette manière ne convient pas à tout le monde, c'est certain, mais heureusement, nous l'avons tous vu comme une situation gagnant-gagnant, et avec cette appréciation, nous avons réussi à traverser cette période.

Vous pourriez vous demander pourquoi je n'ai pas fait appel à ma famille ou à de vieux amis pour venir m'aider. Oui, pour la compatibilité et la connexion émotionnelle, cela aurait été super. Mais c'est une grosse demande que de demander à quelqu'un de voyager dans un autre pays et de faire tout ce dont j'avais besoin pendant plusieurs semaines. La plupart des gens avaient des vies bien remplies au Royaume-Uni et ne pouvaient vraiment pas passer autant de temps loin de leurs engagements habituels. En fin de compte, j'ai trouvé plus facile de mettre en place un arrangement « basé sur le travail » plutôt que de demander d'énormes faveurs à mes proches sur une longue période. Les personnes de Work Away appréciaient vraiment de vivre sans payer de loyer, avec toute la nourriture fournie, donc personne ne ressentait d'inégalité ou de dette. C'est un programme mondial, et certaines opportunités sont incroyables ! Un jour, je pourrais bien inverser le processus et partir travailler comme « aide » quelque part…

Vendre ma maison à St Nazaire et programmer mon opération de l'épaule étaient deux obstacles majeurs surmontés durant l'été 2018 ; il ne me restait plus qu'à trouver un endroit où m'installer avec Les Garçons avant la fin de l'année ! Ma bonne amie Sarah, qui vit à Hérépian, à portée de vue et à distance de marche de la chaîne du Caroux, m'a parlé de quelques propriétés qu'elle connaissait et qui étaient en vente. Même si cela aurait été amusant de vivre plus près d'elle, et que sa ville est plus grande et plus proche de la station thermale de Lamalou-les-Bains – avec ses magnifiques randonnées en montagne et sa campagne splendide –, l'appel intérieur de retourner sur la côte était plus fort. Étant née et ayant grandi à Brighton, la mer a toujours été un élément important de ma vie. Non seulement pour nager en été, mais aussi pour marcher à ses côtés à tout moment de l'année ; pour observer ses différentes humeurs et lui confier mes hauts et mes bas. La mer est une bonne oreille, et elle me manquait.

Avec l'aide de Pam, j'ai visité quelques villes différentes dans la même région, mais je revenais toujours à Marseillan comme l'endroit qui me semblait le plus juste. Avec son port en centre-ville bordé de cafés et de restaurants, son charmant vieux centre – un labyrinthe de petites rues sinueuses avec des maisons hautes – et une atmosphère générale de chaleur détendue et amicale… tout était idéal. J'ai depuis découvert que c'est un phénomène courant en arrivant à Marseillan : se sentir « chez soi » et pouvoir visualiser un mode de vie vraiment agréable, toute l'année. Il y a un mélange international de résidents dans la ville, mais la grande population locale de familles installées depuis des générations assure qu'elle conserve sa véritable identité française.

Le défi était de trouver une maison que je pouvais me permettre. Mon objectif était de ne pas dépenser la totalité de la somme que j'allais recevoir pour ma maison de St Nazaire, afin de pouvoir établir une sorte de « filet de sécurité » d'argent à la banque, que je n'avais pas réussi à emporter avec moi du Royaume-Uni à cause de ces maudites fluctuations de taux de change, et tout ça. Heureusement, après avoir profité de tout ce qu'offrait une magnifique maison de trois chambres, avec un grand salon, des caves et un grand jardin, j'étais maintenant prête pour un endroit bien plus simple à entretenir, et juste assez grand pour moi et Mes Garçons. Ce n'était pas un bon sentiment de les éloigner des vastes étendues de ce fabuleux jardin et des collines au-delà, mais en vérité, je m'inquiétais que Fred ne soit plus assez fort pour retrouver son chemin – et sauter la haute clôture – à mesure que son état cardiaque se détériorait. J'avais choisi mon appartement au Royaume-Uni en pensant aux deux chats de ma vie à cette époque, et cette première maison en France avait également été choisie en priorité pour leur bien-être. Bien que ces deux choix aient été parfaits pour moi aussi, il était maintenant temps que mes décisions soient un peu plus centrées sur Sara. Tant que Les Garçons pourraient avoir un accès libre et sécurisé à l'extérieur, ils pourraient s'adapter. Je regretterais de ne plus voir les galopades exubérantes de Barney sur la pelouse et ses sauts dans son arbre préféré, mais j'espérais qu'il trouverait de nouveaux endroits pour courir, sauter et jouer dans notre nouvelle maison.

En parlant d'adaptation, Fred et Barney avaient déjà montré qu'ils pouvaient s'adapter et s'accommoder plus que prévu pendant notre séjour à Saint-Nazaire-de-Ladarez, lorsque j'avais décidé que gérer une petite pension pour chats pourrait être un bon moyen de gagner un peu d'argent supplémentaire. Avec l'aide de ma fidèle amie Pam et des muscles de mon voisin suédois Magnus, j'avais acheté et construit un petit abri au pied des marches dans le coin de mon jardin. Souhaitant toujours rester du bon côté de la loi française, j'avais d'abord demandé l'autorisation à la secrétaire de la Mairie. Lorsque je lui ai montré le catalogue des abris et que j'ai expliqué mes projets dans mon français coloré mais légèrement incorrect, elle a ri. L'abri était trop petit pour nécessiter une quelconque réglementation d'urbanisme, et qui emmènerait son chat dans une maison de vacances de toute façon ?! La plupart des gens qu'elle connaissait se contentaient de fermer la porte et de laisser le chat se débrouiller seul pendant leurs vacances. Un indicateur utile de ma clientèle cible : principalement des amoureux des chats d'Europe du Nord, apparemment.

J'étais une source constante de perplexité pour la secrétaire de la Mairie. Son manque de familiarité avec les étrangers, combiné à mes compétences imparfaites en français, entraînait de nombreuses interruptions surprises dans le flux de notre communication. Mon erreur la plus embarrassante a suivi une décision de créer mes propres cartes de Noël en utilisant des photos que j'avais prises pendant l'année. Après avoir acheté du carton coloré dans le magasin d'artisanat, j'avais besoin de couper chaque morceau soigneusement en deux. Connaissant mes limites avec les ciseaux – couper une ligne droite sans bord déchiqueté n'est pas facile – j'ai eu l'idée géniale de demander à la Mairie l'outil parfait que j'avais vu utilisé pour une tâche similaire quelques semaines auparavant. Entrant d'un pas décidé, avec un sourire confiant, et demandant si je pouvais emprunter « la guillotine » n'a pas suscité la réponse enthousiaste que j'avais anticipée. « Nous n'avons pas de guillotine dans ce village, Madame. » « Mais si, je vous ai vu l'utiliser récemment. » « Non, Madame, nous n'avons pas utilisé La Guillotine depuis de nombreuses années. » Clac. Trop tard, le déclic s'est fait. Et je n'avais pas le vocabulaire pour ça… « Ahh, ooo, non… pas

La Grande. Le truc pour couper le papier... » Quelle gêne ~ Heureusement, mon bégaiement rouge de honte a fait sourire. Ma demande de fournitures de bureau n'était pas aussi amusante que ma question sur l'abri pour chats, mais j'aime à penser qu'elle a apprécié nos petites interactions, dans l'ensemble.

Mon idée brillante de gérer une pension pour chats était basée sur la découverte que la plupart des pensions dans ma région de France sont rattachées à des chenils. Je savais que mes chats seraient terrifiés d'être laissés dans un endroit étrange avec une bande de chiens bruyants à proximité. Bien qu'ils soient environ deux fois plus gros que les chats locaux (de gros os britanniques – haha !), mes Garçons n'étaient pas aussi durs qu'ils aimaient le prétendre. Proposer une alternative « uniquement pour chats » pourrait s'avérer populaire. Le problème était qu'avec mes ressources limitées, je ne pouvais installer qu'un seul abri, qui, même avec une utilisation très intelligente de l'espace, ne pouvait être divisé qu'en deux enclos... donc je ne pouvais accueillir que quatre chats au maximum, et encore, seulement si les deux paires étaient déjà habituées à vivre ensemble. En réalité, la plupart du temps, je n'avais qu'un seul chat à la fois. Cela n'allait jamais être une entreprise lucrative, mais si je restais à la maison avec mes deux chats, autant m'occuper d'un ou deux supplémentaires de temps en temps.

La pension pour chats Whiskers Away (comme j'ai été inspirée de l'appeler) a accueilli de charmants invités félins, et c'était une expérience réconfortante de savoir que je leur offrais la meilleure alternative possible pendant que leurs propriétaires étaient absents… mais en fin de compte, les chats sont plus heureux chez eux. Contrairement à la plupart des chiens, qui recherchent la compagnie humaine, pour les chats, la première considération est la familiarité, la sécurité et le confort. Les humains présents viennent en second lieu. Je me sentais tellement désolée pour nos invités félins, cependant, et je passais dans l'abri pour vérifier comment ils allaient à des moments aléatoires de la journée, et je laissais la radio jouer doucement (du jazz, pas du punk !) pour qu'ils aient un bruit de fond le soir lorsque les oiseaux du jardin ne chantaient plus.

Ma charmante amie Adrienne m'a offert un singe en peluche lorsque je lui ai confié qu'un jeune chat semblait particulièrement seul. Ça a marché à merveille ! Il s'est blotti dans ces longs bras, rassuré par le visage souriant et chaleureux… À partir de ce moment-là, Monsieur Singe est devenu un membre permanent de l'équipe de soins pour chats. J'avais l'habitude d'aller m'asseoir dans l'abri le soir pendant un moment et de leur lire des histoires aussi. Il y a une limite à la conversation que l'on peut avoir avec un chat de passage, alors lire à voix haute ce que je lisais à ce moment-là semblait une solution simple. Même le chat vraiment grognon, qui sifflait et me donnait des coups de patte chaque fois que je venais le voir, était apaisé par ma présence (à l'extérieur de son enclos) et le son de ma voix semblait l'aider à se calmer pour la nuit. Il s'asseyait sur l'étagère, alternant entre regarder derrière le rideau pour observer la vie nocturne et se retourner vers moi pour vérifier que je ne m'étais pas approché davantage. Nous avons fini par nous comprendre. Son propriétaire m'a informée, en venant le chercher, qu'ils étaient agréablement surpris de me voir indemne, car le vétérinaire devait l'envelopper dans une serviette pour même s'approcher de lui !

Quelques piles pour les veilleuses fixées au plafond de la pension pour chats n'étaient pas une dépense supplémentaire importante, et chauffer les enclos pour les invités d'hiver était justifié… mais le tarif standard pour une pension pour chats en France est d'environ 11 euros par chat et par jour. Mon taux horaire pour mes revenus personnels avait atteint un niveau historiquement bas ! Je suis fière d'avoir créé Whiskers Away, d'avoir aidé des propriétaires d'animaux aimants et d'avoir pris soin de chats très mignons… même si cela a rendu Fred et Barney incroyablement jaloux. Ils étaient particulièrement contrariés quand ils me « perdaient » pendant une heure chaque soir, alors que je lisais des histoires du soir aux intrus hostiles qui leur avaient sifflé à travers le grillage seulement quelques heures auparavant. Je ne peux pas vraiment leur en vouloir si, à l'occasion, ils grimpaient sur le toit de la pension pour piétiner avec colère – faisant ainsi sentir leur présence !

La légère contrariété de Fred et Barney d'avoir des chats

invités dans l'abri du jardin n'était rien comparée à la fois où nous avons hébergé un petit chat noir dans la salle de bain à l'étage de la maison, cependant. Cela s'est produit avant l'époque de Whiskers Away, à cause de mon côté anglais lors d'une promenade avec le groupe un après-midi de lundi. Si certaines personnes considèrent Saint-Nazaire comme étant au milieu de nulle part, la forêt où nous marchions cet après-midi-là était un Nulle part au-delà de Nulle part. Nous nous étions garés dans une clairière feuillue, et j'avais simplement suivi mon guide alors qu'il traçait un chemin en utilisant des indices naturels invisibles à mes yeux. Si j'avais été abandonnée cet après-midi-là, je serais probablement encore là… à attendre que quelqu'un d'autre vienne me chercher.

Quand un petit chat noir est arrivé en courant vers nous entre les arbres, en miaulant fort, il n'a pas fallu de grandes compétences de détective pour déduire qu'il était perdu… mais d'où ? Il n'y avait ni maisons, ni aucune autre forme de civilisation, dans aucune direction. Quelques-uns de mes amis français ont fait des bruits gentils, mais personne d'autre ne s'est baissé pour caresser le chat. Et personne d'autre n'a été assez fou pour le ramasser et le porter quand il a poussé des cris pitoyables, de peur d'être laissé derrière quand le groupe s'est mis en marche à un rythme soutenu. Comment pouvais-je simplement le laisser là ? Je sais que la plupart des chats sont assez intelligents et autonomes (enfin, sauf mon Barney) mais celui-ci me disait qu'il avait besoin d'aide pour rentrer chez lui. Un autre amoureux des chats nous a ramenés à notre village en voiture, malgré l'aversion de sa femme pour l'animal et son choix de rentrer avec quelqu'un d'autre !

J'ai commencé à apprécier les complications de ce sauvetage spontané une fois arrivés à Saint-Nazaire. Il était supposé que je ramènerais le chat chez moi, malgré mes deux chats qui ne dérouleraient probablement pas le tapis rouge pour l'accueillir. Tout le monde avait une meilleure raison ou excuse pour ne pas le prendre, c'est ainsi que « OuiNon » (il avait besoin d'un nom improvisé et « Oui Non » semblait approprié) s'est retrouvé enfermé dans ma salle de bain avec deux chats noirs grognons postés de l'autre côté de la porte.

Heureusement, une autre voisine, la sœur de Jeannot, Francine, a compris que je n'avais aucune idée de ce qu'il fallait faire ensuite. Elle parle incroyablement vite, donc je n'avais pas vraiment une idée claire de ce qu'elle me disait, mais elle était gentille, et elle souriait tout en me guidant doucement. Sa première étape a été d'appeler la SPA – Société pour la Protection des Animaux – et de leur demander de prendre le relais. Après avoir constaté qu'il n'y avait ni médaille ni tatouage d'identification dans son oreille, ils nous ont informés que la personne qui avait trouvé l'animal (moi, alias « la poire ») était censée s'occuper du chat pendant huit jours avant qu'ils ne puissent le prendre ! Et ensuite, ils n'interviendraient que si j'avais enregistré un « Chat Trouvé » à la Mairie locale, et donné toutes les chances à son propriétaire de me contacter.

Huit jours ! Fred et Barney n'accepteraient pas ça ! Et pour être honnête, je n'étais pas très enthousiaste à l'idée de jongler avec trois chats chez moi non plus. Pas étonnant que personne d'autre n'ait ramassé le chat et ne l'ait ramené de la forêt ! Ils connaissaient déjà les règles de ce jeu. Un peu perplexes, nous nous sommes donc rendus à la Mairie, où je me suis tenue en retrait et ai laissé ma voisine compétente s'occuper des formalités administratives avec la secrétaire. Elle n'avait pas l'air d'être d'humeur à être divertie par mon accent approximatif et ma situation ridicule, mais Francine a réussi à la convaincre de remplir les formalités nécessaires avant de rentrer chez elle pour le thé.

Ce n'était pas la faute du petit chat, bien sûr, et c'était un petit bonhomme doux et amical qui venait manifestement d'un foyer aimant, car il aimait se blottir et se faire caresser. Je me suis assise sur le sol de la salle de bain avec lui plus tard dans l'après-midi, essayant de réfléchir à la suite… L'emmener chez le vétérinaire le lendemain pour qu'il soit scanné à la recherche d'une puce électronique (non) et un avis « Chat Perdu » affiché sur le mur m'ont inspiré à lancer une campagne d'affiches « Chat Trouvé » pour OuiNon.

Avec l'aide supplémentaire de Francine et de ses talents de persuasion, nous avons fait faxer l'affiche d'OuiNon à plusieurs

Mairies pour qu'elles la transmettent aux cabinets vétérinaires de leur secteur. Et, par un énorme coup de chance, ça a marché ! Une dame qui travaillait dans une autre Mairie a pensé que le chat ressemblait à celui que son amie avait perdu la semaine précédente. Apparemment, ils l'avaient emmené avec eux lors d'un pique-nique dans la forêt. Il jouait dans les broussailles quand un chasseur est apparu à l'improviste, promenant ses deux chiens sans laisse. Les chiens ont poursuivi le chat. Les humains ont couru après les animaux. Quand ils ont rattrapé les chiens, le chat avait disparu et ne répondait pas à leurs appels. Alors ils ont abandonné et sont partis.

Quand la propriétaire reconnaissante est venue récupérer Onyx, c'était son vrai nom, elle m'a dit qu'elle avait craint que les chiens ne l'aient tué. Ce fut une joyeuse réunion entre le chat et sa maîtresse, et, pour être honnête, ce fut aussi un grand soulagement de le lui confier. Elle m'a proposé une récompense, mais je lui ai demandé d'utiliser cet argent pour le faire pucer « au cas où… ». J'espère sincèrement qu'ils ne l'ont plus emmené en pique-nique dans les bois, mais au moins il ne faisait pas partie des centaines de chats et chiens abandonnés délibérément par leurs propriétaires chaque année. C'est une statistique accablante : les propriétaires d'animaux français sont en tête du classement pour l'abandon de leurs compagnons ; comme je l'ai dit plus tôt, chaque pays a ses propres lacunes en matière de soins envers nos amis les bêtes.

Quoi qu'il en soit, il a été décidé que ma nouvelle maison à Marseillan n'avait pas besoin d'assez d'espace extérieur pour accueillir une autre pension pour chats ; nous laisserions ces jours derrière nous et trouverions un emploi plus lucratif – espérons-le !

Alors que le temps filait inexorablement vers la date limite de mon opération en octobre, mes expéditions de recherche de maison n'apportaient aucune solution évidente. J'ai décidé de rejeter les grandes maisons pleines de caractère du vieux Marseillan pour deux raisons : d'abord, il y avait très peu de propriétés avec suffisamment d'espace extérieur pour que Fred et Barney puissent chasser une souris (!), et ensuite parce que les escaliers en pierre abrupts, souvent avec une ou deux torsions, ne semblaient pas accueillants pour mes genoux imparfaits. Cela signifiait donc que je devais trouver une maison dans l'une des résidences modernes environnantes, encerclant les bords de la vieille ville.

Par une heureuse coïncidence, à peu près au moment où je concluais qu'il valait mieux louer quelque part plutôt que de faire un choix précipité mais erroné, j'ai enfin trouvé ma nouvelle maison, petite mais parfaitement formée. Avec des mini-patio pavés à l'avant et à l'arrière, une cuisine, un salon et une véranda vitrée au rez-de-chaussée, et une salle de bain et une chambre à l'étage… cet endroit était d'une taille que je pouvais gérer ! Être située dans un lotissement calme, à une agréable balade à vélo le long de la piste du lac jusqu'au centre-ville, en faisait également l'emplacement idéal. Même le fait que l'extérieur de ma nouvelle maison soit d'un rose vif ne me dérangeait pas ; mélangé aux autres petites maisons aux façades sable, rose ou jaune, cela donnait à l'ensemble de la Résidence un air de « ville-jouet » qui me faisait rire. Comment pourrait-on prendre la vie trop au sérieux en vivant dans un endroit aussi joli et ensoleillé ?!

Eric, l'agent immobilier, n'arrêtait pas de demander « Vous êtes sûre ? » car, à ses yeux, il connaissait une meilleure propriété pour moi, mais il est dans le métier depuis assez longtemps pour savoir quand un client a pris sa décision, et il s'est mis à faire les arrangements nécessaires. Et, dans l'ensemble, la transition d'une maison à l'autre s'est déroulée aussi bien que possible. L'opération de mon épaule s'est passée comme prévu. Les choses ont été douloureuses pendant plusieurs semaines après, mais j'étais préparée à cela, et les visites régulières à domicile de kinésithérapeutes gentils mais fermes ont progressivement remis mon corps en mouvement. Avec l'aide de Pam à chaque étape, et ma petite équipe de WorkAway-ers, le déménagement a également avancé à peu près comme prévu, bien que j'aie dû faire appel à quelques-uns de mes bons amis basés en France pour sauver la situation dans les derniers jours.

Un charmant couple a installé leur porte-vélos pour transporter mes deux vélos ; un autre couple a manœuvré mon matelas double hors d'une maison (escaliers larges) et dans la nouvelle (escaliers très étroits). Et mon ami écossais, Bill, me détesterait sûrement de mentionner à quel point il a été gentil et serviable à plusieurs reprises aussi. Il aimait essayer d'incarner le mot « grincheux », mais son sens du ridicule et son esprit vif le trahissaient ! Non seulement il m'a transportée, moi et mes affaires, d'un endroit à l'autre, mais il a aussi apporté une bonne provision de peinture anglaise pour que je puisse décorer ma nouvelle maison lors de son retour d'une visite pré-Noël en Écosse. Il a été horrifié de découvrir, après avoir déjà acheté les pots de peinture pour moi, qu'il est en fait Strictement Interdit de transporter de la peinture en France de cette manière… mais nous ne le savions pas à l'époque, et il ne s'est pas fait prendre, alors Hourra ! La peinture britannique est bien meilleure que la peinture française (désolé, mes amis, mais c'est vrai !) et je suis très, très reconnaissante.

L'autre personne, du village de St Nazaire, qui m'a aidée à m'installer dans ma nouvelle vie, était un type vraiment cool et doux nommé Stefan. Lui et sa délicieuse petite amie, Amandine, avaient un lien fort avec l'environnement naturel et adoraient vivre dans notre vallée boisée dans les collines, et c'était très relaxant de visiter l'atmosphère paisible et apaisante de leur maison. Il enseignait le yoga et la méditation, et elle était enseignante ; ensemble, un couple qui donnait beaucoup à notre communauté. C'était ironique que Stefan ait été soupçonné de violence envers moi lorsque je suis tombée dans la rue et me suis cogné le visage sur le trottoir en faisant des courses avec lui un jour ! Je n'avais pas pu tendre les mains pour me rattraper, car je soignais encore mon épaule récemment opérée, donc les dégâts sur mon visage semblaient vraiment affreux. Nous étions en mission pour acheter des matériaux de construction afin de faire quelques modifications essentielles à ma nouvelle maison, et j'étais consciente des contraintes de temps pour le déménagement, ainsi que des pénuries d'essence dues aux grèves des Gilets Jaunes qui avaient lieu à ce moment-là. Comme je n'avais pas eu l'occasion de voir mes blessures dans un miroir, j'ai dit qu'il valait mieux entrer dans le magasin de bricolage et acheter les fournitures avant de rentrer à la maison ; je pourrais m'allonger et me remettre de mon accident plus tard.

Stefan est bien trop « gentil » pour avoir même remarqué les regards suspicieux des autres hommes dans le magasin de bricolage – heureusement – mais j'ai été profondément touchée que 3 personnes différentes aient discrètement trouvé le moyen de m'emmener à l'écart pour vérifier « tout va bien ? » et me faire savoir qu'elles seraient prêtes à intervenir et à m'aider si j'en avais besoin. Ces hommes ont été incroyablement galants ; merci. Peut-être que cela aurait été la même chose en Angleterre ; mais de toute façon – je suis éternellement reconnaissante que chaque personne ait surmonté toute hésitation à « ne pas vouloir s'immiscer » et ait placé leur souci pour mon bien-être en premier. Bien sûr, ma situation n'en avait pas besoin, mais je suis rassurée de penser (et d'espérer) que l'aide serait là, si une situation de violence domestique le méritait.

Je ne suis pas la première personne à observer que, lorsque des événements difficiles surviennent dans nos vies, la bonté des autres – souvent des inconnus – est le Rayon de Lumière Argenté qui élève notre esprit et nous aide à traverser. Un ami timide, propriétaire d'une résidence secondaire à St Nazaire, a dit qu'il avait à peine parlé à ses voisins français malgré des visites régulières au village ; mais lorsqu'il a oublié d'apporter ses clés en venant « mettre la maison en sommeil » pour les mois d'hiver, tout a changé. Arrivé tard un soir d'automne frisquet, découvrant que le serrurier avait décidé de ne pas se déplacer comme promis, il s'est fait plus de nouveaux amis – en entrant par effraction dans sa propre maison – qu'en 3 ans de vie tranquille !

Avec le coup de pouce de ces hommes honnêtes chez « Mr Bricolage », et les soins pratiques du personnel de la pharmacie locale qui a nettoyé mes blessures, j'ai la chance de n'avoir aujourd'hui aucune trace des blessures sur mon visage. Mais je garde toujours dans mon cœur les bons sentiments pour tout le soutien et l'affection que j'ai reçus.

Chapitre Dix-Sept

Nourriture, glorieuse nourriture

Restant sur le sujet des soins nourriciers, cela m'amène tout naturellement à un autre de mes sujets favoris : la nourriture.

Cependant, c'est un autre domaine qui pourrait indiquer que je n'étais peut-être pas la personne la mieux équipée pour faire le grand saut et m'installer en France. Outre le fait de ne pas connaître la langue, de ne pas avoir de travail ou de contacts sur place, et de faire ce saut avec relativement peu de préparation… je ne suis pas non plus une cuisinière particulièrement douée. Pour un pays jouissant d'une réputation aussi prestigieuse en matière de gastronomie, c'était peut-être une lacune de trop ? Tant de choses peuvent être pardonnées, mais les désastres culinaires ne sont tout simplement pas permis à la table des Français… et l'humour n'est pas ce pour quoi ces derniers sont réputés lorsqu'il s'agit de menus de dîner.

Heureusement, ma première maison se trouvait à seulement 30 pas en titubant du restaurant que mes bons voisins Outi et Magnus avaient créé dans la cave de leur chambre d'hôtes. Ce n'était pas exactement la cave, mais ce n'était pas tout à fait le rez-de-chaussée non plus. Ils m'ont expliqué que lorsqu'ils avaient décidé de transformer la base de leur maison en restaurant, la hauteur existante du sol au plafond ne pouvait accueillir qu'un Français de très petite taille. Pour être honnête, la plupart des villageois ne sont pas particulièrement grands – mais même ainsi, Magnus et Outi s'attendaient à recevoir des visiteurs d'Europe du Nord. Même sans casque, les Vikings peuvent être assez grands ; et certains membres de tribus allemandes ont des pieds incroyablement grands pour une très bonne raison. Ils ont besoin de contrebalancer leur taille extrême ! Comme il n'était pas possible de surélever la maison, Magnus a creusé trente centimètres pour obtenir la hauteur nécessaire afin d'accueillir confortablement toutes les tailles et toutes les morphologies.

Il y a eu un moment inquiétant, m'a raconté Outi, lorsqu'ils ont découvert des os en creusant. « Oh non ! » s'ils s'agissaient d'os humains, il était possible que l'endroit soit un terrain sacré – avec l'immense église située tout près – mais heureusement, un morceau qui ne pouvait être qu'une mâchoire de cheval a dissipé cette crainte. La couche inférieure de la plupart des maisons françaises était à l'origine désignée comme « maison » pour le bétail, les humains vivant à l'étage supérieur, et la nourriture, etc., étant stockée dans le grenier, au sommet de la maison. C'est aussi pourquoi on voit tant de mécanismes de poulie au-dessus des fenêtres du haut ; pour hisser les marchandises en sécurité. Au fait, l'équivalent français d'un vide-grenier est un Vide Grenier, qui se traduit par Vider le Grenier. Un marché aux puces s'appelle « un puce » ; pas de poésie ici !

Dîner au restaurant Chez Amis n'était pas seulement une option conviviale pour moi dans les premiers jours de ma nouvelle vie, c'était aussi un régal infaillible pour tous les amis en visite, ce qui m'a évité de nombreuses heures d'angoisse dans ma cuisine. Ce n'est pas que je sois réticente à cuisiner, c'est juste que je ne peux jamais garantir le résultat. Mon premier petit ami sérieux en Angleterre était plutôt mince. Il avait en fait aspiré à devenir jockey à un moment donné, mais il a ensuite découvert les motos et n'a jamais regardé en arrière. On croyait généralement que sa silhouette mince était due à mes tentatives désastreuses en cuisine. Vraiment injuste – mais il bénéficiait de généreuses invitations à dîner chaque fois que j'étais hors de la ville, et revenait parfois avec une tarte ou un pudding maison, offert par un parent inquiet. Je ne suis sûrement pas la seule personne à avoir jamais eu besoin de passer la sauce et la crème anglaise au tamis ? (Pas en même temps, évidemment !)

Une amie anglaise qui avait déjà expérimenté la vie de village français, après avoir acheté une résidence secondaire en France quelques années plus tôt, m'avait conseillée d'apprendre à préparer au moins un plat que je pourrais apporter aux repas partagés en groupe. Comme je l'ai mentionné précédemment, ces repas partagés s'appellent « auberge Espagnole » depuis l'époque où les Français considéraient les talents culinaires de leurs voisins espagnols comme étant au même niveau que les miens (s'ils m'avaient connue à l'époque) … donc chaque fois qu'un Français était obligé de voyager en Espagne, il emportait son propre repas, au cas où.

Une autre amie anglaise qui s'était installée en France quelques années avant moi, et avait donc rencontré de nombreuses « situations d'intégration » où les petites différences entre nos deux cultures peuvent sembler un gouffre béant, m'avait avertie que – malgré leur réputation de chefs innovants de premier ordre – la grande majorité des Français étaient incroyablement conservateurs en matière de nourriture. Certains plats avaient certaines sauces ; certains aliments allaient avec certains autres aliments. Les Français, en tant que convives, n'étaient généralement pas expérimentés. Elle m'a raconté comment elle avait apporté des pommes de terre au curry à une auberge Espagnole l'année précédente. Ses nouveaux amis français avaient été polis dans leur question « ç'est quoi ça ? » (qu'est-ce que c'est ?) mais les expressions sur leurs visages trahissaient leurs inquiétudes. Une personne a timidement pris une petite fourchetée, l'a reniflée, a plissé le nez, puis a soigneusement remis la bouchée dans le plat avec un « Non » calme mais ferme. Les autres ont murmuré leur accord et sont passés à autre chose… et mon amie a mangé des pommes de terre au curry chez elle, seule, pendant quatre jours.

Prévenue, je suis prête, alors quand est venu le moment d'apporter ma première contribution à un pique-nique partagé avec le groupe de randonnée, j'ai su ne rien apporter de trop épicé. J'ai pensé que je pouvais contribuer en toute sécurité avec un gratin de pâtes au thon, recouvert de chips écrasées, sans trop me fatiguer en cuisine ni effrayer mes nouveaux amis avec quelque chose de trop excentrique. Malheureusement, je n'avais pas saisi les habitudes de la saison, ni compris suffisamment bien la discussion de planification pré-pique-nique pour savoir que le plat principal serait du sanglier grillé au barbecue. Beaucoup de sanglier. Le thon et les pâtes ne vont pas vraiment bien avec le sanglier grillé ; les Australiens sont bien meilleurs pour accepter les combinaisons « Terre et Mer ». Heureusement, le gratin de pâtes au thon est un plat que je peux manger avec plaisir… pendant quatre jours, en tout cas. C'était correct. J'avais essayé, j'avais contribué, et je n'avais rien brûlé. Je pouvais ramener mon plat sans trop de honte, et j'ai vu au moins deux personnes en prendre une portion ; pour moi, c'était un succès.

Avoir une approche traditionnelle de la nourriture n'est pas une mauvaise chose. Cela signifiait que beaucoup de repas communautaires étaient organisés, et j'ai donc pu m'asseoir avec une variété de personnes sympathiques à différents moments de l'année. Tant que je pouvais payer mon repas et ne pas avoir à le cuisiner, c'était toujours un plaisir d'y assister. Dans notre petit village, il y avait un Comité Social enthousiaste, qui s'est en fait épanoui en deux comités sociaux en quelques années. Le premier groupe principal était pour la génération plus âgée – le troisième âge – qui a ensuite eu la clairvoyance de réaliser que les rassemblements traditionnels pourraient ne pas avoir lieu à l'avenir si les jeunes – le premier âge ? – du village n'étaient pas activement encouragés à participer. Sentant que les jeunes pourraient préférer leur propre version d'un disco aux chansons classiques et aux danses de salon, les deux groupes ont développé une formule harmonieuse, solidaire et inclusive, avec pour résultat net encore plus de repas villageois auxquels le reste d'entre nous pouvait se réunir. Pourrais-je dire « Une recette pour le succès » ? Je pense que oui ‿

Un rassemblement simple mais préféré pour moi était le jour des crêpes. En Angleterre, j'avais toujours aimé le chaos de faire sauter les crêpes, avec le risque inhérent que l'une d'elles se plie en l'air ou le flop total de la laisser tomber. En fait, c'était l'une des compétences culinaires pour lesquelles j'avais un don naturel ; la motivation de manger une crêpe parfaite m'a évidemment poussée. J'ai été très déçue lors de la première occasion de crêpes en France de constater que – bien qu'il y ait beaucoup de confiture, de sucre et même de Nutella pour tartiner – personne n'avait apporté de citrons frais ! Le sucre et le citron sont sûrement les accompagnements parfaits d'une crêpe ?! Avec la générosité typique, un groupe de dames du village a apporté plus de crêpes que nous ne pouvions en manger confortablement... et bien qu'elles fussent indéniablement savoureuses, l'absence de citron à cette fête du sucre était une triste omission pour moi. L'année suivante, je suis arrivée avec ma contribution de jus de citron frais. Quelques amis proches m'ont fait plaisir et l'ont essayé – timidement, comme toujours. Mais « Non » ... la combinaison a été jugée inférieure au sucre, au Nutella ou à la confiture. Tant pis. Cela devra rester une autre excentricité typiquement anglaise.

L'un des charmes de la France qui m'a poussée à changer de lieu de vie et de style de vie était l'importance accordée aux heures de repas. Non seulement les magasins ferment pour le déjeuner entre 12h et 14h, mais les parcmètres ne facturent pas non plus pendant ces deux heures de la journée. La nourriture est plus importante que le commerce. Les travailleurs dans les champs, bien que mal payés autrefois, n'étaient pas oubliés à l'heure du déjeuner. Il reste des petites cabanes en pierre, construites pour abriter un ou deux hommes au maximum, disséminées dans la campagne pour offrir un endroit ombragé pour une pause repas. Les cloches de l'église ont également joué leur rôle en marquant les moments clés de la journée de travail. À tous les autres moments, elles sonnent chaque heure avec précision, mais à sept heures du matin et à sept heures du soir, les cloches sonnent pendant quelques bonnes minutes, sans s'arrêter. Si un travailleur des champs autrefois ne savait pas compter, il ou elle saurait que son travail était terminé pour la journée lorsque le chant bienvenu des cloches parvenait à ses oreilles.

Avec les exigences de la vie commerciale au Royaume-Uni, manger « al desk-o » était bien trop courant, alors que les collègues luttaient pour maintenir un rythme acceptable, surtout dans les environnements de bureau compétitifs. Même en voyage, vous ne verriez jamais beaucoup de Français se contenter d'une simple tasse de thé et d'un sandwich en guise de collation rapide dans une aire d'autoroute bondée. Lorsque le déjeuner en plein air peut être pris en bonne compagnie avec une vue panoramique sur un paysage magnifique, généralement avec « une verre » mais jamais un excès de vin... il n'est pas difficile de changer ses priorités et de s'adapter à nos cousins européens. Si vous prenez le temps de vous allonger et de faire une petite sieste après, pour faciliter la digestion, vous serez vraiment prêt pour le reste de la journée. Oui, il y a encore des jours d'hiver où je prends un bol de soupe toute prête et saupoudre des spaghettis Alphabeto pour ajouter de la texture et un sourire, mais pas si souvent que je doive me confesser et désillusionner mes amis basés en Méditerranée.

Je suis là, je m'intègre, même si je ne me plie pas au « il faut » parfois illogique qui restreint l'expression individuelle pour beaucoup de mes amis français. « Il faut » est l'exigence rigide que la société française impose à ses membres de la naissance à la mort. Que cela dicte les chaussures à porter avec quelle jupe, ou la manière de plier une serviette… je ne serai jamais vraiment française, car je n'adhérerai jamais vraiment à l'importance de ces deux petits mots. Je suis heureuse de chanter respectueusement La Marseillaise, mais je suis née britannique, alors je prônerai toujours « Vive la différence ! » lorsqu'on me le demande.

Chapitre Dix-Huit

Alors, allons-y

Il se pourrait que l'on ait suggéré que j'ai parfois un problème avec la procrastination ; ou peut-être suis-je simplement un peu indécise...?

J'ai récemment lu un article qui disait que certaines personnes (moi y compris) qui étaient souvent en retard de quelques minutes pour des occasions sociales n'étaient pas réellement mauvaises en gestion du temps ou simplement impolies ; nous sommes des optimistes incurables. Nous croyons que nous pouvons faire « juste une chose de plus » avant de nous précipiter dehors, déçus que les minutes n'aient pas été aussi flexibles et accommodantes que nous l'avions espéré.

Alors, malgré les acheteurs de ma maison à St Nazaire qui m'ont accordé trois mois supplémentaires ; malgré les aides de Work Away qui ont fait mes valises pour moi ; malgré cette fabuleuse bande d'amis qui ont déplacé des objets de formes variées d'un foyer à l'autre pour moi… avec l'échéance finale du déménagement qui se profilait à l'horizon, je dois admettre qu'un sentiment de panique montait en moi tout aussi fortement. Comment diable avais-je accumulé autant de « trucs » en un peu moins de quatre ans en France ? Et où diable allais-je tout mettre ? La totalité de ma nouvelle maison était plus petite que le seul salon de mon ancienne maison. Mes nouvelles terrasses n'étaient pas beaucoup plus grandes que l'espace occupé par les deux anciens puits du jardin à St Nazaire. La mini-montagne de plantes en pots que je souhaitais maintenant emporter avec moi semblait n'être qu'une taupinière sur les pelouses de ce magnifique jardin.

Comme si la logistique du déménagement ne suffisait pas à me faire tourner la tête, dire « Au revoir » aux amis chaleureux et bienveillants du village était une épreuve vraiment déchirante. J'étais sincèrement surprise que cela importe autant à ces couples bien établis que la femme célibataire qu'ils avaient accueillie déménage dans une nouvelle ville, à seulement une heure de distance. Certains ont remis en question mon raisonnement ; affirmant ouvertement que je ne serais pas aussi heureuse si je déménageais dans une autre ville ; certains étaient offensés – comme si c'était en quelque sorte un reflet de notre amitié.

Outi et Magnus comprenaient pourquoi je me sentais poussée à étendre mes ailes plus loin… mais ce sont mes amis Adrienne et Joseph qui ont le plus touché mon cœur par leur réaction. Sans me le dire, ils sont allés un jour à Marseillan, pour se faire une idée de l'endroit et localiser exactement où j'allais vivre. Après avoir passé un après-midi à explorer, ils sont revenus et m'ont donné leur bénédiction. Ils étaient rassurés que je déménageais dans un bon endroit, et ils pouvaient voir les avantages que ce mode de vie différent m'offrirait. J'ai eu l'impression que ces deux anges gardiens avaient balayé le chemin de leurs ailes aimantes ; et à partir de ce moment-là, leurs réassurances ont facilité les adieux entre nous tous.

J'ai dit au début que je n'avais aucune critique envers St Nazaire de Ladarez, et c'est la vérité. C'est un village très spécial, dans un endroit magnifique. Lorsque j'ai mis ma maison en vente, j'ai écrit « écoutez le silence, touchez la beauté, respirez l'air pur, pur ». La beauté des collines environnantes touche tous ceux qui visitent et peut inspirer même les âmes les plus grossières à la poésie, semble-t-il. Chaque fois que j'ai l'occasion de revenir et de visiter cette première maison de ma nouvelle vie en France, mon cœur monte à la gorge lorsque nous prenons le virage et voyons l'étendue des vignobles et le paysage nourricier devant nous. C'est comme si les bras doux des collines et des montagnes s'étendaient pour nous bercer et murmurer « Je prendrai bien soin de toi ».

La majorité des personnes qui vivent dans « mon » village

ont un code de valeurs profondément enraciné qui soutient chaleureusement la vie en petite communauté. On m'a dit que je n'avais pas besoin de verrouiller ma porte d'entrée, car « nous n'avons pas de voleurs ici ». Cela aurait pu être vrai, mais certains voleurs sont venus un soir, alors qu'une tempête monstre faisait rage. Ils ont utilisé le bruit du tonnerre pour couvrir le son de leur marteau-piqueur alors qu'ils perçaient un énorme trou dans le mur arrière du bureau de poste, et ont volé le coffre-fort sans laisser de trace ! J'étais aussi étonnée que quelqu'un ose sortir par un temps si terrible que surpris que quelqu'un ait prévu un cambriolage aussi élaboré du bureau de poste de St Nazaire de Ladarez ! Nous étions l'un des plus petits St Nazaire disséminés à travers la France. Il y en a treize au total, et à une époque précédente, ils se relayaient pour accueillir leurs douze homonymes en visite chaque année. Malheureusement, cela est devenu trop coûteux pour les petites villes de continuer à accueillir leurs cousins plus grands, mais c'était une belle tradition unificatrice pour l'époque.

Il y a eu une autre occasion où le crime a montré son vilain visage à St Nazaire ; si bizarre, c'est presque incroyable. Mais c'est vrai ; un réseau international de trafic de drogue a été démantelé ici, grâce à la vigilance d'un chasseur particulier. Étant propriétaire de vignoble et désireux de garder les yeux ouverts pour les sangliers maraudeurs qu'il pourrait chasser en représailles pour avoir grignoté ses raisins, ce monsieur a remarqué un avion biplace atterrissant sur le terrain de jeu du village à des occasions irrégulières. Pour être honnête, je ne sais pas comment quiconque pourrait ne pas remarquer... le terrain de jeu est en plein centre du village, à côté du terrain de boules et de l'aire de jeux pour enfants. Il semble que l'avion atterrissait, restait quelques minutes, puis repartait. Monsieur Chasseur a prévenu Monsieur Policier, qui habitait le village voisin, et en peu de temps, La Douane – les douaniers – s'y sont intéressés. Une opération d'infiltration a été planifiée...

La fois suivante où l'avion est arrivé, un petit groupe de forces de l'ordre était dissimulé dans la végétation environnante de la colline. Le numéro d'immatriculation de l'avion a été noté, et le contrôle aérien a pris le relais, de sorte qu'il a été accueilli par des gendarmes lors de son atterrissage sur la piste de son aérodrome d'origine. Pendant ce temps, une poursuite automobile à grande vitesse s'est engagée pour intercepter les deux messieurs dans la voiture qui avaient rencontré l'avion sur le terrain de jeu de St Nazaire. Les drogues destinées aux âmes perdues dans les rues sombres de Béziers ont été saisies avant qu'elles ne puissent faire des dégâts, et un procès concluant a donné le bon résultat pour la loi et l'ordre. « Chapeau » et tournée générale pour le chasseur vigilant (et ce n'est pas souvent que je dis ça !)

Oui, il y a eu des moments où je me sentais très petite et très seule, regardant par mes grandes baies vitrées l'immense étendue de collines magnifiques mais désertes ; mais je me serais sentie seule où que je sois. Je vivais seule. Et oui, il y a eu des moments où les volets fermés contre le froid de l'hiver donnaient à la ville une atmosphère de « Marie Celeste », ce navire abandonné, me faisant me demander s'il n'y avait pas eu une annonce nationale d'évacuation que j'avais manquée. Mais c'était impossible ; le système de haut-parleurs ne pouvait pas être ignoré.

Opéré par la secrétaire du maire, commençant toujours par « 'allo, 'allo » puis poursuivant avec des messages incompréhensibles ; vous saviez que vous étiez un membre pleinement intégré du village lorsque vous pouviez traduire ces annonces tonitruantes. Neuf fois sur dix, le « Allo, Allo » – comme on l'appelait affectueusement – annonçait des camionnettes de vente itinérante apportant des produits essentiels pour le bénéfice de ceux qui ne pouvaient pas, ou ne souhaitaient pas, se rendre au supermarché le plus proche dans la ville « à deux villes d'ici ». En plus de la camionnette conventionnelle de « légumes et fruits », nous avions aussi celle de « chevalerie et charcuterie » que le chien de rue du village, Buek, accueillait avec le plus grand enthousiasme. Il n'avait aucun scrupule à grignoter des morceaux de cheval, de porc ou autre. Son affection pour les poules d'un voisin a causé un grand remue-ménage à une occasion, alors l'homme de la camionnette de viande offrait un cadeau plus grand qu'il ne l'imaginait les jours où il nourrissait Buek. En été, le vendredi, il y avait la camionnette de « poissonnerie » ; « le poisson le vendredi » doit être une tradition mondiale ?

De temps en temps, la vendeuse de chaussons apportait ses chaussures douillettes ; à d'autres moments, le vendeur de matelas itinérant arrivait. Tous étaient inévitablement annoncés comme étant stationnés « devant l'église », étant la position la plus en vue sur la place principale. La seule camionnette qui était positionnée plus discrètement, un peu plus haut dans la rue principale à un coin particulièrement calme, était celle de « coiffure ». Un certain nombre de messieurs du village étaient heureux de se faire couper les cheveux en « coupe courte et nette » dans ce salon mobile, mais il était de l'étiquette villageoise de ne pas regarder à travers les grandes fenêtres latérales de la camionnette et de les observer pendant qu'ils se faisaient coiffer. (C'était un combat de retenir un commentaire le jour où j'ai vu un homme plus âgé que j'avais surnommé en privé « Monsieur Toupet » visiter la camionnette, cependant). Par une simple méthode de mémorisation des jours d'arrivée de chaque camionnette, je pouvais toujours impressionner tout ami en visite en prétendant déchiffrer le « allo, allo » lorsqu'il nous surprenait en crachotant son message à travers la paix des collines. Pour être juste, ce n'était pas aussi perturbant que cela aurait pu être, car il ne diffusait que vers 3 des 4 points cardinaux. Il y avait un chien particulièrement sensible au 4e point, qui faisait connaître son inconfort avec des tonalités encore moins douces que l'annonce.

L'inconvénient, pour moi, de vivre dans ces collines, était que je devais prendre la voiture pour faire à peu près tout. Avec une bonne santé, et surtout de bonnes jambes, vivre dans les collines est merveilleux. Mais si marcher ou faire du vélo n'est pas quelque chose que vous pouvez facilement faire, alors utiliser une voiture est la seule autre option. En plus de me sentir en mauvaise santé et de nuire à l'environnement, j'étais maintenant consciente que si jamais je ne pouvais plus conduire ma voiture, je perdrais aussi mon indépendance. Déménager dans un endroit où je pouvais facilement marcher ou faire du vélo – sur un terrain plat – vers un centre-ville avec une gamme de magasins pour les besoins quotidiens me semblait très libérateur et promettait de remonter le moral lorsque mes « vieilles » jambes me décourageaient.

J'adore conduire en France, cependant. La taille du pays, par rapport à celle de la population, signifie qu'il y a de nombreux kilomètres de routes non encombrées à apprécier. La plupart des routes sont très bien entretenues, il est donc possible de parcourir de longues distances avec une grande facilité, si vous faites attention au système de numérotation. J'ai une théorie selon laquelle plus la combinaison de chiffres et de lettres est courte, meilleure est la qualité de la route. L'A9 ou la RN7 garantissent pratiquement une conduite fluide. Certaines routes plus petites avec des numéros plus longs, comme la D15 ou même la D909, peuvent être étonnamment bonnes – cela dépend de la distance entre les villes/villages et du budget local. Cela dépend aussi de savoir si le Tour de France est passé par là ces dernières années.

Cette légendaire course cycliste traverse différentes régions de France chaque année, et il est courant qu'une nouvelle couche de bitume lisse soit posée avant que l'élite des coureurs n'arrive. Si vous êtes près d'une ville où une étape de la course est prévue, rejoignez les foules au bord de la route pour encourager ces athlètes impressionnants. Dans des couleurs aussi vives que celles des jockeys, le peloton passe en quelques secondes spectaculaires, vous coupant le souffle avec le leur. Si vous étiez bien placés une heure avant, vous auriez peut-être attrapé quelques « goodies » promotionnels lancés depuis les véhicules bruyants et décorés qui composent La Caravane, et vous pourriez même arborer une casquette stylisée aux couleurs des coureurs leaders. Dans les semaines qui suivent le Tour, vous remarquerez un nombre supérieur à la moyenne de MAMILs dans des couleurs imitées. (On m'a dit que « Middle Aged Man In Lycra » peut être un terme de respect pour un cycliste passionné ; cela dépend de l'homme et du lycra).

Pour en revenir à ma théorie sur la numérotation des routes : selon mon expérience (lorsque mon GPS a un bug ou que j'ai une envie imprudente de conduire « hors-piste »), les routes avec une combinaison de lettres et de chiffres comme la D145E ont de fortes chances de n'avoir aucun marquage au sol ; un fossé latéral non signalé qui racle sérieusement tout pot d'échappement bas ; et elles rétrécissent soudainement à moins d'une largeur de tracteur tout en se dégradant en une surface de gravier traître. La ligne sinueuse amusante que vous avez remarquée sur la carte représentera vraiment le nombre de virages et de lacets que vous négociez maintenant. Tant qu'il n'y a rien qui arrive en sens inverse et qui pourrait vous forcer à entrer dans l'un des ravins profonds qui bordent votre chemin, <Ne paniquez pas> ... évitez simplement ces routes lorsque vous voyagez au clair de lune !

C'est une habitude patriotique universelle de critiquer les conducteurs de tout pays autre que le sien, mais je préfère appeler cela « observer les différences culturelles ». Certaines caractéristiques « typiquement françaises » de la conduite peuvent inclure : une impatience terrible à doubler s'il semble y avoir plus d'une longueur de voiture de bitume disponible ; conduire si près du pare-chocs arrière que la crainte d'un coup du lapin plane comme une inévitabilité permanente en cas de freinage brusque ; prolonger la durée de vie des ampoules de clignotants en ne les utilisant que dans des circonstances extrêmes ; et – bien sûr – gesticuler avec défi avec le téléphone portable utilisé pour une conversation cruciale tout en réalisant une manœuvre compliquée.

Pour être juste, la conduite à la française peut être une compétence difficile à maîtriser lorsque certaines villes ont encore la règle désuète de la « priorité à droite », qui viendrait apparemment de l'époque des chevaux et des charrettes, où il était plus difficile de s'arrêter dans un virage que sur une route droite. Heureusement, les systèmes de feux de circulation semblent plus décisifs et directifs que lorsque je voyageais pour la première fois ; il y a bien plus de feux rouges ou verts définitifs de nos jours, remplaçant les feux orange clignotants « faites votre choix, prenez un risque » d'autrefois.

Il n'y a toujours pas de solution à la propension française à s'arrêter et même à se garer sur les ronds-points fréquentés, cependant. D'après ce que j'ai observé, il y a deux raisons principales à cela : soit le conducteur est perdu, soit sa femme a besoin d'acheter une baguette à la boulangerie située près du rond-point. Les femmes en parfaite santé semblent, à ces moments-là, totalement incapables de faire quelques pas supplémentaires jusqu'à une boulangerie. Mais ce comportement peut aussi entrer dans la « bulle d'oubli », caractéristique forte de nombreuses dames françaises ; elles sont si confiantes dans leur sentiment d'importance que les autres piétons, voitures, passagers, clients, ou qui que ce soit, ne sont – absolument – pas sur leur radar. Il y avait une théorie selon laquelle cette confiance vient de la connaissance que chaque dame française a ; qu'elle porte les sous-vêtements les plus parfaitement ajustés, les plus parfaitement assortis … mais même lors d'une journée absolument parfaite avec le meilleur soutien-gorge et la meilleure culotte, je ne peux pas égaler cet état enviable, divinement féminin. « Un certain je ne sais quoi » … si typiquement français.

Chapitre Dix-Neuf

M. M. M. M Marseillan !

Et maintenant, la côte méditerranéenne et la magie de Marseillan m'invitaient à plonger dans un nouveau chapitre de ma vie. Une population de 8 000 habitants qui gonfle plusieurs fois ce nombre pendant les mois d'été donne à la ville une ambiance touristique joyeuse similaire à celle de ma ville natale en Angleterre. Bien que Brighton soit considérablement plus grande, avec 250 000 habitants, elle possède également des « cercles communautaires » qui se chevauchent, avec une diversité d'intérêts colorés.

Brighton pourrait avoir un littoral plus long que Marseillan, mais Marseillan a certainement plus que sa part d'activités aquatiques pour divertir et amuser les résidents et les visiteurs. J'ai déjà exprimé mon amour pour les tournois de joutes nautiques propres aux villes situées sur l'Étang de Thau, ou « l'Étang » comme on l'appelle affectueusement. Ce que je n'avais pas vraiment apprécié, c'était à quel point la culture liée à cet événement annuel était forte. Les anciens expérimentés organisent des écoles de joutes pour que les enfants locaux apprennent les mouvements avec la lance et le bouclier ; en toute sécurité sur des tapis dans un gymnase, et non en équilibre sur la proue d'un bateau au-dessus de l'eau, heureusement. Les plus agiles, qui deviennent des héros locaux charismatiques, semblent aussi être ceux qui atteignent une corpulence suffisamment imposante et donc plus difficiles à déloger... ce qui n'est pas le cas pour l'autre défi aquatique, une spécialité unique de Marseillan.

Connu sous le nom de Lo Capelet, ce spectacle traditionnel estival semble remonter à l'époque des grands navires. Le long mât d'un vieux bateau est suspendu d'un côté du front de mer, s'étendant sur une distance considérable au-dessus de l'eau. À l'extrémité du mât sont positionnés deux poteaux verticaux d'environ un mètre et demi de haut, espacés d'une courte distance, avec un haut-de-forme solidement attaché au sommet de chaque poteau. Au cas où il serait trop facile de se promener le long du mât et de récupérer l'un de ces chapeaux, une généreuse quantité de graisse d'oie est ajoutée pour créer un poteau glissant. Un nombre quelconque de jeunes enthousiastes font la queue pour prouver leur courage, leur habileté et leur équilibre et revendiquer le Chapeau du Champion ; la plupart du temps avec des résultats désastreux. La majorité des Jeunes Braves sont des garçons, et vous pouvez entendre les gémissements collectifs d'empathie de chaque homme sur le bord de l'eau bondé si l'un d'eux glisse et tombe maladroitement, les jambes écartées sur le poteau.

Pour contrer toute crainte que les garçons pourraient avoir de nuire à leurs futures perspectives de paternité, leur bravoure est stimulée à l'avance par une procession bruyante de tambours et de fanfares. Les héros d'autrefois qui montent sur le poteau plus tard dans l'après-midi – pour prouver qu'ils « l'ont toujours en eux » peut-être – sont plus que susceptibles d'être alimentés par quelques pintes de courage hollandais. J'ai vu quelques-uns de ces "vieux timers" bien lubrifiés tendre le bras pour attraper un poteau qui était au moins à un mètre à gauche de leur cible. Certains pourraient avoir du mal à boutonner les boutons de leurs chemises blanches, chéries depuis des années, mais ils ont tous le style et l'aplomb des champions ! La nostalgie de leur Jour de Gloire semble estomper le souvenir des conséquences des chutes du poteau, aussi ; heureusement pour nous. Lo Capelet est vraiment amusant et un excellent divertissement pour tout le monde.

Un autre de mes influences culturelles en grandissant avait

été la série télévisée américaine « Cheers ! ». Située dans un bar de Boston, le slogan était « Là où tout le monde connaît votre nom ». Ayant vécu cette familiarité dans plusieurs endroits à Brighton, simplement parce que j'y avais vécu pendant plus de 50 ans, je venais de passer près de 4 ans dans un petit village où c'était vraiment le cas. Même si mon nom était prononcé « Sah-rah », j'étais passée du statut de « La petite anglaise » et pouvais maintenant prétendre appartenir vraiment à Saint-Nazaire-de-Ladarez. Serait-il possible d'atteindre un autre type d'appartenance dans ma nouvelle ville ? Je l'espérais vraiment. La maison que j'avais choisie était dans une petite impasse de maisons modestes, et j'avais de grands espoirs que mes voisins seraient amicaux. Eric, l'agent immobilier, m'avait assuré qu'au moins cinquante pour cent des maisons étaient occupées à l'année… mais en me promenant dans la rue le premier soir, en décembre 2018, j'ai compté des lumières dans seulement neuf des cinquante fenêtres, et l'une d'elles était la mienne !

Les lumières festives et l'animation de Marseillan à Noël n'ont cependant pas déçu. Tous les réverbères sont décorés, et des bannières scintillantes et accueillantes enjambent les routes principales menant à la ville. De délicieux chalets en bois emplissent la Place Marianne habituellement calme, où la première statue enregistrée de la République, personnifiée par Marianne, se dresse fièrement au centre de ces étals de marché vibrants. Avec du vin chaud épicé, des marrons grillés et d'autres délices savoureux servis aux côtés de cadeaux artisanaux colorés, les parfums dans l'air sont enivrants. Le point culminant pour moi, cependant, est l'incroyable crèche grandeur nature qui a été créée à l'intérieur des quatre colonnes du marché central, juste à côté de notre impressionnante mairie, dont la façade pâle et immaculée est bordée de pierres volcaniques sombres d'Agde. Les drapeaux tricolores flottent bien sûr en permanence.

En général, les crèches de Noël dans les églises de toute la France doivent être vues pour être crues. Loin de nous les modestes et pieuses représentations dévotionnelles auxquelles nous sommes habitués en Angleterre. En France, non seulement Marie, Joseph et l'Enfant Jésus sont présents, accompagnés de bergers et de rois mages. Non ; en France, nous avons aussi de petites figurines représentant des personnages clés des villages et villes environnants. Le boucher, le boulanger et tous les autres producteurs locaux sont représentés… et il n'y a pas qu'une seule étoile discrète qui brille. Des affichages néon multicolores et clignotants sont considérés comme « de rigueur » dans ce que je ne peux que supposer être une célébration à cœur ouvert de la Venue du Christ !

À Marseillan, ils font encore plus grand et mieux…

Nous avons toutes les figures mentionnées précédemment, mais en modèles grandeur nature ; un bon nombre d'entre elles sont automatisées et bougent par intermittence - avec un effet plutôt surprenant, c'est le moins qu'on puisse dire ! L'illusion déroutante de « presque réel » est renforcée par la présence de quelques petits animaux de ferme bien vivants qui se mêlent aux modèles animés. Il faut une minute ou deux pour que vos sens se détendent et cessent d'essayer de juger ce qui est réel et ce qui ne l'est pas. Je peux comprendre et apprécier l'inclusion dans ces tableaux de métiers locaux comme les ostréiculteurs et même le cheval du forgeron d'autrefois. L'ajout d'un moulin à vent à la scène biblique est le seul élément que je n'ai pas encore complètement saisi, bien que ses ailes tournantes soient plutôt joyeuses et qu'elles tournent bien.

Les canards, les oies, les moutons et les chèvres semblent parfaitement contents de rester dans la crèche de Noël pendant toute la durée de la saison festive, et la ville semble plus calme et vide en janvier lorsque tous les chalets et les décorations sont démontés pour une autre année. Le mois de décembre tout entier est généralement consacré aux festivités, avec des échassiers, des avaleurs de feu et des batteurs de tambour qui remplissent les rues pour divertir les résidents et les invités. Les promenades nocturnes au cœur de la ville sont délicieuses !

Vous avez peut-être déjà deviné que le maire élu est extrêmement engagé envers Marseillan ; on le voit à presque chaque événement tout au long de l'année, et ses discours lors des événements clés sont informés et sincères. Contrairement à la plupart des Français, cependant, on peut lui faire confiance pour dire ce qu'il a à dire... puis pour poser le micro ! C'est une caractéristique rare en effet ~ j'ai passé de nombreuses heures heureuses à écouter les réflexions d'hommes (et de femmes) qui ressentent le besoin de partager des perles de sagesse aléatoires avec leur public, une fois qu'ils ont un micro en main. Avec le temps d'écouter, cette tendance a été une aide inestimable pour améliorer mes compétences en français, ainsi que pour approfondir ma compréhension de la culture gauloise.

Mes deux premières années à Marseillan ont parfois ressemblé à un tour de montagnes russes accéléré ; surtout après près de quatre ans d'un mode de vie bien plus détendu à Saint-Nazaire-de-L. Je suis si reconnaissante d'avoir eu une introduction à cette grande petite ville portuaire, sur les rives de l'Étang de Thau, avant même d'y emménager ; grâce à mes rencontres régulières avec Pam lors de ses journées de recherche de maison. J'avais au moins une vue d'ensemble initiale de la ville, du port, de la distillerie Noilly Prat (oh oui !) et de la proximité des magnifiques plages méditerranéennes. J'ai développé un attachement discret pour les vermouths issus de cette heureuse alliance anglo-française de M. Prat et M. Noilly ; en particulier la recette unique de l'Ambre, qui ne peut être achetée qu'ici, dans sa ville de conception. Ces vermouths font littéralement partie de l'essence de Marseillan. Des rangées de fûts bordent les cours murées à l'arrière de la distillerie. Alors que les liquides rouge, blanc et ambré fermentent dans la chaleur du soleil, une odeur et un goût particuliers imprègnent l'air. Il est admis qu'un pourcentage de chacun s'évapore et s'échappe des fûts pour devenir la part connue sous le nom de « la part des anges » - montant au ciel… Ce ne peut pas être un gaspillage de bon alcool, apaisant les dieux, si le résultat est cette belle petite ville, baignée dans un soleil presque éternel !

Revenons sur terre ; en pédalant de Marseillan vers les plages, vous atteignez une bande de route qui longe les dunes de sable, reliant les ports de mer de Sète et Agde. Le long de cette route se trouvent plusieurs ronds-points, et les plages accessibles à chaque rond-point ont leur propre caractère distinctif. En voyageant d'ouest en est, vous rencontrez d'abord la plage Robinson, avec ses vastes espaces ouverts et son restaurant de plage chic et rafraîchissant en été. C'est « loin de la foule en délire » qui a tendance à surpeupler les plages familiales de Marseillan Plage elle-même. Par une journée claire (et il y en a beaucoup), on peut apercevoir les Pyrénées depuis ces plages. N'est-ce pas génial ?!

Ensuite, vous arrivez à la plage du Castellas, avec un vaste parc de mobil-homes et un camping parfaitement dissimulé par une petite forêt ombragée de pins. Une communauté heureuse et autonome de vacanciers détendus s'installe au Castellas tout au long des mois d'été. Heureusement, il n'est pas nécessaire de gâcher leur esprit de vacances en mentionnant les chenilles processionnaires du pin qui pourraient avoir habité les arbres de l'automne au printemps. Ces nuisibles embêtants se déplacent en file indienne (d'où leur nom) lorsqu'ils descendent des arbres pour se nymphoser après avoir dévoré tout le feuillage d'un pauvre arbre hôte. La raison de la prudence, outre les dommages qu'ils infligent aux arbres, est la tendance des chenilles à former d'énormes nids en forme de boule suspendus aux branches des arbres en automne et en hiver. Par temps venteux, il y a un risque que ces nids se détachent et que quiconque se trouverait malheureusement en dessous à ce moment-là puisse subir une irritation sévère due aux longs poils de milliers de ces petites créatures atterrissant soudainement sur sa tête ! Il est préférable de tenir les jeunes enfants et les chiens éloignés des pinèdes lorsque les nids sont visibles, et aussi des chenilles, car leurs poils contiennent une substance qui peut provoquer un choc anaphylactique dans les cas extrêmes. Cela arrive rarement, mais il vaut mieux être prudent.

Après le Castellas, vous arrivez à ma plage préférée, Les Trois Digues, nommée d'après les trois épis de pierre qui étendent leurs doigts rocheux dans la mer à cet endroit. C'est une préférence personnelle que je ne peux pas vraiment expliquer ; juste une combinaison particulièrement agréable de dunes de sable avec l'étendue de la mer et du ciel. Le rond-point de Listel est le suivant le long de cette étendue ; il abrite le vignoble unique de Listel où ils cultivent les vignes sur le sable pour produire un rosé délicat et fraisé ainsi que les rouges typiquement languedociens, profonds et délicieux. J'avais gardé dans mon cœur le souvenir de la forme de leurs bouteilles, et le goût de leur vin rouge sur ma langue, depuis ma première visite en France au début de la vingtaine… Je ne suis pas un connaisseur, mais ce vin m'a laissé une merveilleuse impression, c'est sûr ! Au fait, saviez-vous qu'en plus de « langue », le mot « Languedoc » signifie « langue d'Oc » ? Cela fait référence au dialecte régional de l'occitan, dans lequel « Oc » signifie « Oui ». Je suis venue en France pour apprendre à parler couramment le français ; je suis si heureuse de découvrir que je vis au Pays du Oui.

La plage de Villeroy est le dernier point d'arrêt le long de la route avant d'atteindre le port actif et historique de Sète, et l'ambiance plus dynamique commence à se faire sentir sur cette plage. Il est possible de terminer votre voyage vers l'est à pied d'ici, en traversant le sable, en laissant votre voiture au parking de Villeroy pour la récupérer plus tard. Comme une grande partie de la côte, les frais de stationnement ne s'appliquent que pendant les mois touristiques les plus fréquentés. Si vous ne conduisez pas, il y a un service de bus régulier entre Marseillan et Sète. Avec des arrêts à chaque rond-point et des billets coûtant moins de deux euros, cela peut être un moyen détendu et économique de visiter les plages.

La route que je viens de décrire n'existait pas vraiment lorsque je suis venue en France au début des années 80. À cette époque, la route de la plage était simplement cela ; une route passant immédiatement derrière les dunes à l'arrière des plages.

Mais quelques grosses vagues un automne, ainsi qu'une légère préoccupation pour la population d'oiseaux migrateurs qui occupe saisonnièrement les roselières, ont finalement incité les autorités à déplacer la circulation vers la sécurité d'une nouvelle route à quelques mètres à l'intérieur des terres. Au cours de mes premiers mois de retour dans ce pays de souvenirs de jeunesse, j'ai été un peu folle à essayer de localiser cette route d'origine, jusqu'à ce que je la retrouve dans sa forme actuelle. Je peux maintenant en profiter pleinement en tant que piste cyclable lisse, également appréciée des marcheurs et des patineurs à roulettes ; un excellent itinéraire pour tout le monde pour prendre l'air et faire de l'exercice.

La bande de sable qui relie Sète et Agde, et qui sépare les eaux de l'Étang de Thau de la mer Méditerranée, existe depuis longtemps, mais elle n'a pas toujours été là non plus. Je viens d'apprendre que les sables de la mer ont commencé à former naturellement la crête, mais ils ont ensuite été aidés par les habitants qui ont vu les avantages de cette connexion et l'opportunité de cultiver des vignes sur ce sol alternatif et fertile. Ils ont coupé des mottes supplémentaires pour aider le processus de croissance de la bande de sable et, malgré les intempéries de quelques tempêtes, les domaines se sont établis au fil du temps. Lorsqu'une maladie a touché la majorité des vignes dans la campagne environnante, seules celles qui poussaient sur le sable ont survécu et prospéré. Les vignobles vivaient vraiment en harmonie avec la nature dans cette partie spéciale de la France. Il y avait même une exploitation de sel florissante dans les eaux abritées de l'étang à un moment donné, mais seules leurs ombres subsistent maintenant dans les eaux peu profondes.

Apprendre des bribes d'histoire locale et me familiariser avec les rues étroites et sinueuses de la vieille ville de Marseillan a été une manière intéressante et amusante de poser mes propres racines ici. J'ai passé de nombreuses heures agréables à admirer les décorations et les rénovations des propriétaires attentionnés, et à apprécier l'artisanat des portes anciennes et des ouvrages en pierre. La vieille ville est jolie, charmante, et pas trop grande. Si vous vous perdez, vous ne serez pas perdu longtemps.

Et je ne me sens pas perdue ici. Je ne peux pas vraiment dire que j'ai « trouvé ma tribu » non plus, mais je noue des amitiés solides avec un mélange international de sympathiques Français, Allemands, Suédois et Britanniques ; plus je suis ici, plus j'ai l'impression d'appartenir à cet endroit. Cela me réjouit le cœur les rares fois où l'on me prend pour une Française locale. Jamais par un Français, bien sûr, mais quand même... !

Comme je l'ai mentionné au début, ce fut une grande surprise de rencontrer un Suédois à Marseillan et de commencer une relation avec lui. C'est un homme responsable, et lui aussi a sa propre histoire à raconter sur ses incroyables aventures de tour du monde en voilier, après avoir pris la courageuse décision de suivre son premier rêve. Suivre son deuxième rêve, celui de posséder un Bed and Breakfast dans un pays chaud et ensoleillé, l'a amené ici ; ce qui s'est avéré être une coïncidence heureuse pour nous deux ! Nous nous entendons bien et nous nous complétons, et nous sommes très heureux d'entamer ensemble un nouveau chapitre de notre vie. Cependant, le sentiment d'accomplissement que j'éprouve pour avoir entrepris ce voyage, avec toutes ses étapes erratiques, est purement personnel. Je m'intègre plutôt bien en France maintenant, et c'est ce « succès » que je revendique comme le résultat de la poursuite de mes rêves initiaux. Si ces histoires incidentes peuvent vous inspirer à vous faire confiance et à suivre vos propres rêves – quels qu'ils soient – alors je suis ravie d'avoir écrit ce livre pour vous. Si ces récits de mes hauts et mes bas ont simplement été une agréable diversion face aux plus grandes épreuves de la vie, alors je suis heureuse que vous les ayez appréciés, vous aussi.

Bonne chance, et Bonne route !
Sara

La passion de Sara pour l'écriture l'emmène vers de nouveaux horizons.

Son prochain livre sera un recueil d'anecdotes amusantes, d'informations intéressantes et de rencontres fantastiques dans l'un de ses pays préférés, le Mexique. Suivez-la sur les réseaux sociaux pour découvrir les dernières nouvelles de ce récit de voyage original et optimiste, qui sera publié sous le titre

« "Mexico, Amiga ! »

Rendez-vous sur son site web pour obtenir tous les détails sur ses ouvrages et ses autres activités littéraires :

www.saraverrall.com

Sara Verrall

L'auteure